Entre vous et moi...

Julien Robin

Entre vous et moi...

Récit

BoD

À ma mère, à ma famille et aux êtres de mon cœur...

Avant-propos :

Je me demande souvent Pourquoi ! Pourquoi la vie, pourquoi la mort, pourquoi la douleur, pourquoi la tristesse et la joie et tant d'autres questionnements qui tourbillonnent dans ma tête, comme des questions dans l'attente d'une réponse ou dont la réponse m'est déjà connue, mais bien trop évidente ou trop douloureuse à mes yeux pour que je puisse le voir ou l'accepter, j'ai décidé d'écrire de longues lignes jusqu'au jour où j'ai décidé d'écrire ce livre, ce livre rempli d'émotion et de sincérité mais surtout de vérité ! Je prends le risque peut-être mais surtout la liberté de parler de moi de la manière la plus objective possible ! J'ai décidé dans ce livre de me livrer à vous, de ne rien vous cacher ! Il ne s'agit là, pas d'un livre simplement autobiographique mais surtout d'un livre de remise en question ! Un livre qui je l'espère pourra aider bon nombre de jeunes de mon âge, dont la maturité est apparue dès le plus jeune âge, à avancer et à comprendre qui ils sont ! Un livre qui je l'espère donnera de l'espoir à beaucoup d'adolescents. J'espère que ce livre permettra aux jeunes de mon âge d'oser être ceux qu'ils veulent, d'oser se lancer dans des projets d'avenir tout en comprenant qu'il n'y a pas de trop grand rêve mais de trop gros rêveurs ! J'ai fais mienne la devise ''vis tes rêves et ne rêve pas ta vie'' je souhaite plus que tout qu'une fois la dernière page de ce livre fermée vous la fassiez également vôtre !

Oui ! Il s'agit bien d'un livre adressé à la jeunesse mais pas seulement ! Il s'agit d'un livre destiné à tous ceux qui comme moi ont vécu des épreuves douloureuses dans leur vie et qui ne savent pas très bien comment ils pourraient voir la vie positivement ! Mais avant tout à travers cet ouvrage j'ai voulu faire passer un message ! Le voici ; n'ayez pas peur de l'ambition... !

Bonne lecture...

Préface de Manon
(proche de Julien)

J'ai rencontré Julien en 2015 alors que nous étions dans la même classe en 6e D. Moi j'arrivais et lui redoublait son année. La rencontre s'est faite très naturellement. Il avait cet air drôle, attachant, amusant et surtout atypique qui a fait que j'étais attirée par lui d'un point de vue amical. J'aimais son style décalé, chose qui lui a valu beaucoup de critiques dans le passé et encore aujourd'hui. Je me rappelle lorsqu'il est venu me parler la première fois. J'étais assez timide. Il était à peine plus âgé que moi. C'était un garçon extraverti. Je ne le connaissais pas et puis moi j'étais plutôt quelqu'un d'introvertie ce qui m'intimidait beaucoup mais au final c'est cette différence qui nous a lié d'amitié très rapidement. C'est un peu lui qui m'a fait croire au dicton qui dit "les opposés s'attirent" ! Déjà en 6e c'était un garçon extrêmement attentionné, qui avait besoin de rendre le quotidien de ceux qu'il aimait plus agréable. Il ne pensait pas beaucoup à lui mais il pensait toujours aux autres en priorité ! Ce qui m'impressionne en lui, c'est que lorsqu'il a un projet, il est habité par celui-ci et n'a qu'un objectif le concrétiser ! Par exemple à l'époque où je l'ai rencontré il rêvait de devenir professeur d'anglais. Je me souviens qu'il se pliait en quatre pour aider les camarades de classe qui ne comprenaient pas tout ce que notre professeur Madame U nous apprenait. J'ai toujours été persuadée qu'il aurait été un très bon professeur d'anglais s'il avait poursuivi ses études. Mais je comprends son choix d'arrêter les cours car il avait depuis la 4e changé de projet d'avenir et désirait plus que tout être acteur. L'école ne l'intéressait donc plus et durant de longs mois il réfléchissait à stopper ses études jusqu'au jour où-il a eu le courage que beaucoup n'ont pas, celui d'arrêter complètement pour se consacrer à sa passion et à ce qu'il sait faire de mieux, donner du plaisir aux gens et les faire rire ! Si je devais donner un seul mot pour décrire Julien ce serait Atypique… parce qu'il n'est pas comme les autres jeunes de son âge, il a la maturité d'un adulte, la tête sur les épaules. Julien, il sait ce qu'il est et ce qu'il veut être. Il ne prend pas de décision à la légère. Il réfléchit mûrement avant d'entreprendre quoi que ce soit ! Il est atypique parce qu'il a un style décalé, des amis décalés, des blagues décalées... Je tiens à préciser que lorsque j'emploie le mot ''décalé'' il n'y a rien de péjoratif c'est simplement un mot de comparaison voué à exposer le décalage qu'il y a entre Julien et sa génération. Mais avant tout si je choisis le mot ''Atypique'' ce n'est pas un hasard parce qu'il n'a pas les mêmes priorités que les ados de son âge ni les mêmes goûts, les mêmes références et je passe bon nombre de différences qu'il a avec les adolescents de 17 ans ! En clair, je pense que plutôt de chercher les différences qu'il possède, il faudrait chercher les points communs qu'il a avec sa génération car la liste serait moins longue ! Peu de jeunes de son âge savent ce qu'ils veulent faire plus tard ! Et lui depuis ses 14 ans il est fixé sur ce sujet, il veut être acteur, humoriste, et il le sera j'en suis intimement convaincue ! À mes yeux Julien représente quelqu'un d'honnête, un ami sincère... plus qu'un ami il est comme un frère sur qui je veille, car sa gentillesse peut parfois le rendre naïf et attirer les personnes profiteuses et cupides. En définitif c'est une belle personne avec un grand cœur. Bien que désormais je considère Julien comme mon frère, il fut aussi mon petit-copain en 4ᵉ pour une durée de trois semaines approximativement. La durée de notre ''couple'', si on peut appeler cela un couple, au vu de la durée et de notre âge juvénile, n'a pas été très longue, mais je tiens à dire que ni lui ni moi n'y sommes pour quelque chose je pense. Je remets la faute sur l'époque. Nous étions gamins, le mot ''amour'' nous était inconnu, à part des bisous sur la bouche, se tenir la main et se dire ''je t'aime''. On ne connaissait rien à l'amour ; nous vivions lui comme moi une des premières amourettes de jeunesse et nous nous sommes vite rendu compte que le lien et le sentiment que l'on croyait être de l'amour n'était en fait qu'une forte amitié. Julien n'a jamais vécu d'histoire d'amour à proprement parler car il n'a jamais trouvé la bonne personne ; celle qui lui aurait permis de découvrir le mot ''amour'' et d'en comprendre la définition. Bien sûr il est jeune et il possède encore tout le temps de le découvrir et d'ailleurs je le lui souhaite car à force de donner de l'amour aux autres il serait grand temps qu'une femme le lui rende ! Je pense que j'ai de la chance de l'avoir dans ma vie et je pense qu'il considère qu'il a de la chance de m'avoir dans sa vie également. J'ai besoin de lui et je pense qu'il a besoin de moi et surtout de mon soutien, car Julien est assez peu soutenu, j'ai l'impression, par son entourage et surtout par son père. Ce sujet est un sujet sensible. Par ailleurs Julien a beaucoup de mal à parler de son père car leurs relations n'ont pas toujours été joyeuses et il aurait eu besoin de son soutien dans ses projets de vie ; il aurait aimé j'en suis certaine, avoir des conseils venant de celui-ci et il souffre beaucoup de ce manque qui je pense le poursuivra longtemps si ce n'est toute sa vie... toujours est-il que moi je crois en lui, je sais qu'il va y arriver, car il est un "jusqu'au-boutiste" pour reprendre sa formule, il va au bout de ce qu'il entreprend !

Désormais je m'adresse aux lecteurs de Julien ; je pense qu'il y a beaucoup de personnes qui vont se reconnaitre dans son livre, par des passages, des chapitres entiers ou simplement au travers de sa personnalité. Il n'est pas parfait car personne ne peut prétendre l'être ; cependant il peut être un bon modèle à suivre tant dans ses erreurs où il vous guidera pour ne pas reproduire les mêmes, que dans ses réussites où je suis sûre qu'il vous poussera à croire en vos rêves... En 5 ans que je le connais, il n'y a pas un seul projet qui lui tenait à cœur qu'il n'a pas réussi à entreprendre et aboutir ; il a toujours cru en ses rêves et ses efforts ont payé, mais je ne voudrais pas trop en dire, je vous laisse donc découvrir l'histoire d'un jeune homme hors du commun, l'histoire de mon frère et fidèle ami, l'histoire de Julien...

Je vous souhaite bonne lecture à tous...

Chapitre 1
Il y a un début à tout...

Je suis né le 20 juin 2003 à Saint-Priest-en-Jarez dans la Loire. Ce jour-là c'était la canicule, imaginez une femme sur le point d'accoucher sous 40°C... Déjà avant ma venue au monde je lui en ai fait voir de toutes les couleurs. Mais heureusement mes grands-parents sont venus la réconforter avec le jambon sous le bras pour fêter mon arrivée, tandis que mon arrière-grand-père, que je nommerai ''Pépé'' durant le récit, qui était le premier au courant de cet heureux événement, le fêtait dignement avec ce qu'il appelait ''une paille au cul''. En langage courant on peut dire être ''saoul'' ou plus grossièrement ''se mettre une cuite''. C'est ce que l'on appelle une naissance à la campagne ! D'ailleurs la maternité pouvait même se permettre d'offrir une bouteille de champagne à chaque nouveau-né ! *(J'attends mes 18 ans avec impatience pour l'ouvrir).* Lors de ma naissance j'ai aussi reçu un doudou, comme beaucoup de nouveaux nés, mais le mien me suit toujours ; dormir sans lui est même devenu une épreuve, aussi banal que cela puisse paraître, j'ai le sentiment d'être moins seul avec lui, c'est la seule personne avec qui je ne me suis jamais disputé, et c'est surtout le seul à ne jamais m'avoir déçu ! Logique allez-vous me dire il s'agit d'une peluche, mais bien plus qu'un ourson pour moi c'est mon doudou ! Je suis très matérialiste, j'ai besoin d'avoir des souvenirs ou des objets auxquels je peux me rattacher pour affronter certaines épreuves ou simplement pour me rassurer. Mon ourson est raccommodé de toutes parts, par celle que j'appelais enfant la docteur des doudous ! Ma grand-mère... chaque fois que l'usure se montrait mamie sortait ses aiguilles à coudre et son fil doré pour raccommoder mon ourson avec ses mains de fée ! J'ai passé mon enfance à la campagne, au milieu des vaches et du purin, dans les champs avec mon grand-père ; enfant c'est un milieu qui nous plaît ; on aime partager de bons moments avec nos ainés, d'autant plus avec des animaux ! Partager avec papi et pépé les traditions familiales centenaires était une réelle fierté ; à seulement 6 ans j'apprenais à saigner mon 1er cochon aux cotés de mon arrière-grand-père de 90 ans ; qu'il était fier ce jour-là... en témoigne une photo de nous deux posant aux côtés du porc gisant, pendu par les pattes et levé par la fourche du tracteur. Aussi barbare que cela puisse paraître il s'agissait là de mon apprentissage de la vie rurale ; en quelque sorte ce jour-là pépé me laissait une part de son héritage culturel, et me transmettait le savoir d'une tradition familiale ancestrale. Aujourd'hui cet esprit de campagne me dégoûte ; je veux viser plus grand, habiter dans une ville active où je peux rencontrer du monde. J'ai passé mon enfance au milieu de champs de blé et je n'ai qu'une hâte, les quitter ! Entouré d'une famille aimante mes parents ont toujours veillé à ce que je ne manque de rien. Cependant, mes liens avec mon père se sont dégradés au fil du temps. J'ai alors appris à me construire sans amour paternel fusionnel et je sais que ce manque me poursuivra tout au long de ma vie. Malgré cela, j'ai un lien très fusionnel avec ma mère, mes grands-parents, et d'autant plus avec mon arrière-grand-père. Ce fût un homme qui me fascinait lorsque j'étais plus jeune mais plus je grandis plus mon admiration pour lui s'intensifie. Tous les jours après l'école je mangeais chez mes grands-parents. Ma grand-mère arrivait à nous concocter des plats tellement raffinés ; d'une simple sauce bolognaise elle en faisait un plat exquis. Elle prenait tellement de plaisir à cultiver ses tomates et à hacher la viande fraîchement achetée chez le boucher que ses spaghettis étaient peu communs ; enfin il faut les goûter pour comprendre. Elle cuisine pour faire plaisir aux autres ; elle veut que ses convives se régalent et c'est largement réussi. Je pourrais qualifier ses repas de magiques ! Car c'est ce qu'elle est, une magicienne ! J'ai un lien particulier avec ma grand-mère ; c'est une femme étonnante, dotée d'une force de caractère et d'une rage de vivre que j'ai rarement vu chez une personne ; tout va toujours bien avec elle si vous le lui demandez, mais au final je pense que rares sont les moments où elle va bien, où elle est pleinement heureuse, où elle ne pense qu'à elle ! Je l'imagine déjà lire cette phrase en se disant : "penser à soi à quoi bon ?!" Une réplique qui ne m'étonnerait guère pour une femme qui a toujours eu pour vocation d'aider ! ***"Se rendre utile"*** voici ce qui pourrait-être sa devise ! Ce lien particulier que j'entretiens avec elle me permet d'avancer dans chacun de mes nombreux projets d'avenir, tout autant que ma mère ; son avis compte énormément pour moi ; si elle me suit alors je sais que je ne me tromperai pas ! Vous savez lorsque vous avez des projets plein la tête, il ne faut pas espérer les réaliser seul ; vous aurez toujours besoin de soutien, de réconfort pour vous conforter dans l'idée que votre projet est utile, qu'il a un sens, et qu'il fonctionnera tel que vous l'avez imaginé, si ce n'est mieux encore !! Ma mère et ma grand-mère sont tous ces éléments que je viens de citer ! Pourrais-je être parfaitement comblé de ce que je fais sans elles ?! NON ! Je peux répondre avec autant de tact à cette question car je suis un insatisfait compulsif ! Je suis persuadé qu'il y a toujours mieux que le mieux ; la perfection n'existe pas, je le sais bien, cependant on peut toujours essayer de l'atteindre ou du moins la frôler. Enfant je n'étais pas un petit garçon comme les autres, j'avais toujours une longueur d'avance sur les jeunes de mon âge ; bien sûr je ne résolvais pas des équations de mathématiques dès l'âge de 5 ans… l'exemple est mal choisi car je ne sais toujours pas le faire à 17 ans *(rire)* mais j'avais toujours envie de m'intégrer aux conversations d'adultes ; je voulais comprendre les litiges familiaux ; je voulais apporter mon opinion d'enfant pensant être un grand ! Cette envie de vouloir toujours être plus vieux que je ne le suis déjà me suit toujours ; j'ai toujours eu envie d'apprendre, de m'intéresser à divers sujets de conversation ou divers sujets d'actualités ; à 8 ans je lisais le journal local dans l'espérance toujours et encore d'apprendre de nouvelles choses, posant quelques centaines de questions à mes parents sur la signification de tel ou tel mot ; désormais ce sont eux qui me demandent les définitions des mots ce qui est assez ironique ; mes parents se demandent souvent comment j'ai fait pour avoir un vocabulaire aussi élaboré et construit, moi qui ne suis pas allé très loin dans mes études *(je détaillerai ce point plus tard)* mais cette volonté de vouloir faire des choses de grand ne s'en arrête pas ici ; alors que je n'avais que 10 ans j'ai eu l'audace d'écrire en personne au Président de la République de l'époque Monsieur SARKOZY ! Lorsque j'y re pense je me dis : « quelle audace j'avais ! » Mais j'avais besoin de lui écrire, je voulais donner mon opinion de la politique menée en France ! Je revois encore mes parents lorsque je leur ai annoncé que j'avais écrit une lettre au Président et qu'il me fallait un timbre pour l'affranchir ; ils ont bien sûr lu la lettre, effarés par la justesse de mes mots, par l'analyse construite que j'avais réussi à faire du haut de mes 10 ans ; mes parents me disent que cette lettre a bien été envoyée, cependant je n'ai jamais eu de réponse de la part de cet homme d'état ; j'aimerais avoir une copie de cette lettre pour partager avec vous mon regard d'enfant que j'étais à l'époque sur la politique menée en France !

Bien sûr l'âge parfois me rappelait aux bêtises d'enfants, pas seulement l'âge d'ailleurs ; mon cousin Alex également ne donnait pas "sa part aux chiens" pour me proposer de nouvelles "conneries" comme nous les appelions, toujours plus folles et plus énervantes aux yeux de notre famille ; aujourd'hui pas un repas familial ne se déroule sans que nous en reparlions avec nostalgie et fou rire ; je me rappelle d'un jour où nous étions chez mes grands-parents avec mon cousin et que du dernier étage de la villa nous avions jeté un rouleau de corde accroché au pied du lit, et nous avions construit en somme une poulie nous permettant de faire descendre de la maison divers objets dont la fenêtre elle-même, oui oui ! Vous avez bien lu nous avions défenestré la fenêtre du grenier ! Je vous laisse imaginer la réaction non sans colère de ma grand-mère lorsqu'elle s'en aperçut *(rire)* ; avec mon cousin Alex nous avons 3 ans d'écart et pourtant j'ai l'impression d'être son jumeau ; bien plus que mon cousin il est comme un frère pour moi ; nous avons passé notre enfance ensemble à faire nos âneries, à partager des vacances à la maison, en Espagne, ou à Biscarosse. Chaque moment que j'ai passé enfant avec lui a été marquants ; je vous fais profiter d'une nouvelle anecdote, d'une de nos fameuses *"conneries"* ; lors d'un week-end en famille, que nous avait offert nos grands-parents à Montélimar, nous avions ramassé dehors des pommes de pin ; nous avions pris des poêles dans les placards, des pommes de terre, des balais que nous avions cachés sous le drap housse du lit de mes parents mais non rassasiés nous avions mis des cales en bois sous les pieds du lit et nous avions une fois encore fait usage d'une corde que nous avions accrochée aux cales en question; lorsque mes parents se sont couchés dans le lit, *(j'entends encore ma mère hurler de peur, sentant tous les objets placés dans le lit sous elle)* nous avions tiré la corde qui a fait tomber le lit des cales ; à cet instant mon père a frôlé la syncope ! *(rire)* Aussi étonnant que cela puisse paraître mes parents ont beaucoup ri... après coup ! Tout cela pour dire que malgré ma maturité mentale, mon jeune âge me rappelait parfois à lui pour faire ce que tous les enfants savent faire de mieux... des bêtises ! À lire mes longues lignes on aurait tendance à croire que cette maturité apparue en moi dès le plus jeune âge n'a pas été difficile à vivre et pourtant ça l'a été ; il est très difficile pour un enfant de grandir avec une différence ; les enfants entre eux sont très méchants ; en grandissant vous apprenez à faire de vos différences des forces plus que des handicaps, mais enfant c'est inconcevable de se dire que les moqueries peuvent être constructives et que ce sont ces mêmes moqueries qui vous forgeront ! J'ai grandi avec un train d'avance malgré moi ! On ne se lève pas un matin en se disant "je vais être mature, je vais être adulte dans ma tête et je m'intéresserai au sujet de grandes personnes !" NON ! En somme c'est comme si j'avais un mental expérimenté dans un corps d'enfant ! *"Un étudiant à la retraite"* voici comment je me définis vulgairement dans mon ONE MAN SHOW ! Cette définition assez crue c'est pourtant le ressenti que j'ai eu durant toute mon enfance sans avoir pu définir exactement comment ou qu'est-ce que j'étais, alors que mes camarades à l'école écoutaient les musiques de TCHOUPI, OUI-OUI ou encore bien d'autres musiques de dessins animés qui m'exaspéraient , déjà à l'âge de 5-6 ans moi j'écoutais les chansons de Line Renaud, Dalida, Annie Cordy, Edith Piaf et bien d'autres grands artistes de la chanson française. Bien que ces artistes soient remarquablement exceptionnels et que leurs musiques soient si belles il n'était pas de mon âge d'écouter ces musiques, non pas parce qu'elles étaient vulgaires car ce n'est pas en écoutant ; *"Ma cabane au canada"* ou encore *"Le petit chien dans la vitrine"* que j'allais apprendre toute sorte d'injures, mais bien parce qu'il y avait un écart générationnel; j'ai, avec ces artistes 75 ans d'écart... J'aurais pu écouter des jeunes artistes de mon époque, mais NON ! Encore une fois j'allais puiser ma culture dans les œuvres des très grands de ce monde, j'allais chercher une nouvelle sorte de connaissance au travers de leurs chansons, j'aimais la finesse des mots des chanteuses telle que "Line Renaud ou Dalida" j'aimais écouter leurs chansons remplies d'émotion, de vérité et de mots que l'on n'emploie plus de nos jours, est-ce la raison pour laquelle mon vocabulaire est si enrichi ? Sûrement ! En y repensant je me dis que j'ai eu en quelque sorte de la chance d'avoir eu tous ces artistes comme professeur malgré eux ! Cependant il était très compliqué pour l'enfant que j'étais d'avoir des amis tellement j'étais différent d'eux, tellement mes goûts musicaux, mes mots et mes centres d'intérêts étaient incompatibles avec les jeunes de mon âge. J'ai toujours eu horreur de la nomination "intello" donnée à quelqu'un qui a de la culture générale ou qui s'exprime bien. Si je hais cette nomination, c'est parce que les gens ne sachant pas vraiment qui j'étais me définissaient avec ce simple mot. J'imagine que lorsque quelqu'un me cherchait et demandait "vous auriez vu Julien Robin" les gens devaient répondre "Qui ?"

"Julien Robin l'intello" car nombreuses sont les fois où l'on est venu me voir en me disant ; "c'est toi Julien Robin l'intello ?" Ce à quoi je répondais timidement "Julien suffira" Pourquoi doit-on toujours catégoriser les gens ? Pourquoi ne pouvons-nous pas être simplement nous ? Juste nous, sans rien derrière notre nom ! Désormais je ne me nomme plus "Julien Robin l'intello" mais "Julien Robin le clown." Je reviendrais sur cette partie dans un autre chapitre... Bien sûr cette différence de maturité que j'avais avec les jeunes de mon âge lorsque j'étais petit est toujours présente aujourd'hui ; cependant aujourd'hui j'ai fait de cette différence une force ! J'ai fait de cette maturité prématurée mon amie, et je me félicite chaque jour de cette différence qui me permet d'être un jeune "pas comme les autres", un jeune avec ma particularité ; je n'ai aucune honte à dire que je suis fier de cette chose en plus que je possède car elle me permet de voir la vie telle qu'un adulte la voit ; je peux parler désormais avec des personnes plus âgées que moi car j'ai les cartes en main ! Il n'y a pas, sur cette terre je pense, une personne avec qui je ne serais pas à l'aise de parler ; je suis sociable, curieux des autres, curieux de la vie, de la découverte et du jour qui vient. J'aimerais m'adresser à vous mes lecteurs, en particulier mes jeunes lecteurs s'il y en a ; n'ayez pas peur de vous intéresser à des conversation d'adultes, n'ayez pas peur de parler aux gens, même de sujets que vous ne maitrisez pas, c'est en vous y intéressant que vous apprendrez ; parler avec les gens et s'intéresser à autre chose qu'à votre console de jeux vous permettra d'élargir votre auditoire et vous apportera la confiance en vous que vous n'avez peut-être pas encore, mais surtout et avant tout ! Affirmez vos différences quelles qu'elles soient, ; la différence est belle ! Elle permet de ne pas tomber dans la monotonie ; affirmez-vous et faites de chacune de vos différences des forces et des moteurs de vie, dans lesquels vous pourrez trouver la force et les ressources pour tout affronter. Le monde de demain vous appartient ; à vous d'en faire un idéal !

Vous pourriez vous dire ''il est marrant lui, il ne sait pas ce que c'est d' être timide !'' Et bien détrompez-vous, j'ai connu la timidité, le renfermement sur soi, j'ai connu la peur de l'autre à un moment de ma vie que je développerai dans les chapitres suivants, et c'est parce que j'ai connu tout cela et que j'ai changé, que je peux vous dire quoi faire pour vous aider à vous intégrer, pour vous aider à vaincre votre timidité et votre peur de l'autre. Si je peux vous donner un conseil n'ayez pas peur d'aller parler à des personnes que vous ne connaissez pas forcément, après tout vous n'avez rien à perdre... au mieux ils deviendront des amis, au pire vous ne les reverrez plus ! Dites-vous que vos amis au départ vous étaient inconnus, il a fallu que quelqu'un engage la conversation, que vous appreniez mutuellement à vous connaître pour savoir qu'un lien quelconque pouvait se créer, alors lancez-vous, et n'ayez pas peur de vous ... !

Chapitre 2
Seul et très entouré ...

Dans ma vie j'ai toujours eu un rapport particulier avec les mots ''Amour et Ami'' l'amour fera l'objet d'un long chapitre dans ce livre. A présent je laisse la parole à l'amitié. Comme j'ai pu le dire brièvement dans le chapitre précédent lorsque j'étais jeune il était très compliqué pour l'enfant opiniâtre et mature que j'étais de me faire des amis ; je ne peux pas en vouloir à mes camarades de l'époque ; après tout il peut être effrayant de voir quelqu'un de différent de soi, d'autant plus lorsque l'on est encore un enfant ; on ne connait pas le mot différence. Alors que l'on commence tout juste à apprendre les fondamentaux pour se créer une culture générale, la différence ne fait pas partie des apprentissages premiers de la vie. Comment un enfant pourrait de lui-même comprendre ce qu'est la différence ? Comment pourrait-il comprendre que la différence n'est pas un handicap mais le moyen de se créer des forces personnelles ? Bien que durant de longues années dans ma jeune enfance je n'eus jamais gardé mes amis car la différence était trop importante entre eux et moi, en grandissant je me suis trouvé des amies sur qui je pouvais compter ; il s'agissait d'amies filles, souvent on dit que les filles sont plus matures que les garçons et je le confirme ! Car il n'y avait qu'avec elles que je me sentais bien ; je me sentais compris et à l'aise. Evidemment j'aurais aimé avoir des amis garçons, mieux encore j'aurais aimé avoir des amis qui me ressemblaient pour me sentir moins seul dans les cours de récréation. Arrivé en 6e je n'avais pas d'amis, je ne connaissais personne de ma précédente école et je me suis retrouvé encore seul ; l'année scolaire ne m'a pas aidé à me sentir à ma place, j'expliquerai ce point plus tard…. mais c'est lors de l'année de ma seconde 6e que j'ai découvert une amie extraordinaire, plus qu'une amie ma sœur de cœur ; il s'agit de Manon qui a eu la gentillesse de rédiger la préface de ce livre ; je tiens par ailleurs à l'en remercier chaleureusement. Manon est entrée dans ma vie en septembre 2015 ; pourquoi nous sommes nous intéressés l'un à l'autre instinctivement ? Qu'est-ce qui a fait que nous avons eu envie de nous rapprocher pour nous connaitre davantage dans l'optique de devenir amis ? Je crois que je le sais, je ne veux pas dévoiler sa vie dans ce livre, mais Manon et moi avons énormément de points communs ; nous avons vécu des souffrances similaires et je pense qu' entre personnes blessées, il y a une connexion qui s'établit ; je me revois encore m'approcher timidement vers elle, m'incrustant le plus discrètement possible dans le groupe d'amies qu'elles étaient pour placer une blague ou deux, pour établir un premier contact ; je tiens à dire qu'à ce moment il n'y avait aucune optique de séduction amoureuse, mais uniquement de la séduction amicale. Après quelques blagues le courant est rapidement passé entre nous deux, à tel point que nous sommes toujours liés d'une amitié exceptionnelle et indéfectible aujourd'hui ! Au fond je peux dire qu'elle est la seule amie de mon âge que j'ai, enfin pas tout à fait... Il y a également Anna-Lou, ou plutôt "Ma Louloute" comme je l'appelle ; Louloute est une fille extraordinaire, entre elle et moi il y a une connexion amicale assez forte et précieuse ; nous nous comprenons parfaitement et en plus d'être des amis, nous sommes devenus des confidents ; nous savons l'un comme l'autre que nous pouvons compter sur nous mutuellement ; son amitié m'est précieuse, ses conseils et son soutien me sont cruciaux ! J'avais d'autres amis, précisément cinq dont je tairai les noms pour ne pas leur faire de publicité. Avec ces amis nous nous suivions depuis la classe de 5e environ ; ils faisaient partie des seuls amis masculins que je possédais. Bien que nous étions très amis, je ressentais souvent que j'étais de trop ; je faisais régulièrement des soirées à la maison où ils étaient conviés mais j'appris avec le temps que de leur côté ils faisait aussi de nombreuses soirées dont le mot d'ordre était de ne rien me dire... étrange non ?! Mais lorsque l'on est seul on fait abstraction pour garder ses ''amis'' et ne pas se retrouver sans personne à qui parler, sans personne avec qui rigoler ou pleurer ; j'ai peur de la solitude alors je ne me souciais pas du fait qu'ils m'excluaient de leurs moments entre eux ; je ne me rendais pas compte qu'ils profitaient de moi ; je ne me rendais pas compte à cette époque qu'ils me parlaient dans le seul but d'abuser de ma gentillesse et de ma naïveté ; je voudrais présenter mes excuses à Manon qui à de multiples reprises me prévenait et me disait de partir de ce groupe, qu'ils n'étaient pas des personnes qui me voulaient du bien ; Manon et moi, nous sommes régulièrement querellés à ce sujet car je défendais sans cesse ces personnes dans le but qu'elle voie qu'il s'agissait de personnes honnêtes et sympathiques, seulement voilà, elle avait raison, mais bien trop envouté par leurs manipulations je ne m'en rendais pas compte ; je leur donnais ma confiance entière et je leur ouvris mon cœur, ne me méfiant de rien ni de personne ; j'étais devenu en leur présence un pantin, j'étais devenu l'homme ou plutôt le robot de toutes les situations. Lorsqu'il leur manquait de l'argent, ou lorsqu'ils n'avaient pas de maison où faire la fête... et je passe bien des exemples, Julien était là ! A cette époque je ne voyais pas le mal, j'étais presque heureux parce que je me disais « ils pensent à moi », et un jour je me suis rendu compte de tout cela, lorsqu'une fille que je ne connaissais pas était chez un ami, je me présente et instantanément elle me dit « Ha c'est toi Julien Robin ?! » Ce que je lui confirmais, lui demandant en retour si nous nous connaissions et à cet instant elle m'a parlé de mes ''amis'', du moins de ce qu'ils disaient de moi ! En témoignaient les dizaines de textos envoyés à mon égard expliquant que j'étais un naïf, une personne aussi manipulable que ''de la pâte à modeler'', je me rappelle d'un message où il était écrit, « si tu veux faire une soirée, on a un pote, Julien, il peut nous prêter sa maison, t'inquiète il dira rien on peut faire ce que l'on veut de lui » ; après la lecture de ces messages j'étais comme vidé, je me sentais humilié, trahi ; en une fraction de seconde je ne savais plus ce que j'étais et ce que je valais ! Ils m'ont détruit sans pudeur et sans scrupule. Durant 3 ans ils ont pris plaisir à me modeler ainsi qu'ils le souhaitaient, chaque jour un mot gentil, un compliment, un encouragement pour m'amadouer, pour que je leur donne ma confiance, dans le seul et unique but de me rendre vulnérable ! Ils étaient très forts parce que ça a marché ! Ce sont leurs encouragements quotidiens qui ont fait que je leur ai donné une telle importance dans ma vie et qui ont fait que je ne me méfiais de rien ; ils savaient très bien que j'avais besoin de soutien, ma famille n'étant pas toujours de mon côté notamment dans mes choix d'avenir ; j'ai besoin d'encouragements de mes amis et de ceux qui m'entourent pour être sûr que je ne me tromperai pas; c'est peut-être idiot mais je ne me fais pas confiance alors j'ai besoin que des personnes aient confiance en moi pour me rassurer et me conforter dans mes projets. J'ai toujours pour ambition de me dire que tout ce qui arrive de négatif dans ma vie doit avoir un côté positif ; et bien de cette expérience je trouve du positif en me disant qu'ils m'ont détruit certes mais je me suis reconstruit plus fort encore, j'ai évolué et j'ai grandi de cette épreuve douloureuse, alors cela peut paraître ironique et pourtant je le fais, je leur dis ''merci'' de m'avoir permis d'évoluer.

A vous mes lecteurs j'aurais ce message pour vous : ''Oui il y a des personnes malveillantes sur terre, mais il y a tellement de belles personnes que les mauvaises ne doivent pas compter ; il faut de tout pour faire un monde en effet il y quelques mauvaises personnes, c'est ce qui nous différencie du monde des ''bisounours'' mais ces gens-là ne doivent pas vous faire changer ; vous ne devez pas passer de personne aimable, gentille, bienveillante, sensible à une personne, aigrie, violente, malveillante et insensible ; restez qui vous êtes, le problème ne vient pas de vous, ce n'est pas vous qui êtes nocif, c'est eux, c'est à eux de changer pour devenir non pas meilleurs mais simplement bons ; les manipulateurs agissent en connaissance de cause pour tirer profit de vous ; ils profitent de votre gentillesse, de votre empathie, ils font de vos forces des failles, des points faibles dans lesquels ils peuvent se glisser pour se servir de vous ainsi qu'ils l'entendent, ne changez pas !" Changer c'est l'erreur que j'ai commise pour essayer de leur plaire, ressentant que la distance se créait entre nous ; je m'étais mis à écouter du rap, chose qui peut paraître banale et pourtant tellement contraire à mes goûts ; on peut avoir des goûts variés mais de là à passer de la musique de Dalida à celle de Ninho, il n'y a pas un monde mais carrément un univers culturel entre ces deux styles de musique. Je précise que je n'ai rien contre le rap et/ou même envers ceux qui écoutent ce style musical ; je dis simplement que ce sont deux cultures différentes tant dans leurs messages que dans leurs finesse d'interprétations. Pour ces "amis" j'avais pris soin d'apprendre les paroles de leur musique favorite pour pouvoir "m'ambiancer" ainsi qu'ils le disaient avec eux, mais rien n'y faisait ; je parvenais à me rapprocher d'eux uniquement lorsque je leur apportais quelque chose de matériel ! Alors un bon conseil restez vous-même...

Un peu plus haut je parlais du soutien parfois absent de ma famille dans mes projets d'avenir particulièrement dans mes projets artistiques ; il est vrai que le soutien d'une grande partie de ma famille me manque cruellement ; c'est très dur d'entreprendre des projets seul ; c'est très difficile de ne pas avoir d'avis extérieurs objectifs. Cependant deux personnes dans ma vie sont d'une importance cruciale, deux personnes dont leurs avis et leur soutien me sont d'une extrême importance. Il s'agit de ma mère et ma grand-mère. Je suis conscient de la chance que j'ai d'avoir à mes côtés chaque jour, celle qui fait de ma vie un paradis éternel terrestre, celle qui fait que mes inquiétudes deviennent des possibilités rassurantes, celle qui s'efforce chaque jour de changer les parties sombres de ma vie en parties illuminées par son amour ; il s'agit bien entendu de ma mère, une force de la vie, la force de ma vie, le moteur qui me permet d'entreprendre les projets les plus fous ; ma mère n'est pas dans mon cœur c'est simplement mon cœur, ma force de vie, ma raison de vivre, celle pour qui rien n'est trop beau ou trop difficile, celle pour qui et à qui je donnerais tout ; aucun mot ne pourrait décrire l'amour que j'ai pour cette femme pas très grande mais pourtant si immense dans mon cœur ; en quelques mots c'est la femme de ma vie ! Je n'aurais jamais assez de temps pour lui dire combien je l'aime. Si je devais décrire ma mère à ceux qui ne la connaissent pas, je leur dirais que toute la beauté du ciel est née dans ses yeux et l'amour du monde dans son cœur... Peut-être que l'on me jalousera non sans tort car moi-même je me demande chaque jour si je suis digne de tant d'amour et si je suis digne d'avoir une mère dont le cœur n'a d'égal que la grandeur du monde ! Son soutien est pour moi primordial, son amour vital et sa fierté fondamentale ! Il pourrait bien y avoir 150 personnes contre moi si ma mère est avec moi, aucune critique ou jugement négatif ne peut m'atteindre ; je ne vais pas m'étendre davantage à son sujet car je vous reparlerai d'elle dans la partie consacrée à mes projets et mes ambitions théâtrales. A présent je souhaiterai vous parler de ma grand-mère... Que ferions-nous sans nos grands-mères ? Voici peut-être la seule question à laquelle je ne pourrais répondre dans ce livre, car je n'ai aucune idée de ce que je ferais sans elle, et je pense qu'après avoir lu la description que je fais d'elle dans le chapitre précédant vous me comprenez. Ma grand-mère fait partie des deux personnes avec ma mère dont la présence dans ma vie est d'une importance cruciale ; sans trop l'exprimer par excès de pudeur ou par inquiétude le soutien qu'elle me porte est essentiel à mes yeux ; si ma mère et ma grand-mère me suivent alors là JACKPOT ! Comme je le disais, il est difficile de concrétiser des projets seul ! Sans soutien familial ou amical, la pression est si forte ; quant à savoir si l'on parviendra ou non à réaliser nos projets, il nous est indispensable d'avoir des soutiens et des appuis avec qui partager ses inquiétudes et ses certitudes, tout en ayant un regard autre que le sien pour nous remettre dans la bonne voie lorsque, par excès de confiance, nous nous imposons des objectifs un peu trop faramineux... J'ai parlé des deux soutiens importants de ma famille sans évoquer le soutien qui me manque profondément. Je vais parler de mon père. Mon père est un homme sensible à la carapace épaisse comme du marbre ; il ne laisse rien transparaître, pas une ombre de reconnaissance, pas de sentiment, ; d'apparence, il parait insensible doté d'un cœur de pierre, mais en réalité je pense qu'au fond de lui c'est tout le contraire ; je dis je pense car je ne connais pas cette facette de lui et je pense qu'il ne la connait pas lui-même tellement, sa carapace a pris le dessus ; il s'est créé ce rôle, celui du caryotype même de l'homme et au fil du temps il a appris à se complaire en cela.

Mon père et moi avons toujours eu une relation assez compliquée ; en résumé, nous vivons avec mon père une relation contraire en tout point avec celle que je vis avec ma mère ! Mon père n'a jamais été de mon côté pour mes ambitions de vie sur les planches et devant les projecteurs ; il n'a jamais compris le sens de cette passion, affirmant à bien des reprises que le métier d'acteur n'était pas un métier ! « Tu ne vivras pas en faisant le con toute ta vie ! » Voici verbatim les mots de mon père lorsque j'ose essayer d'aborder le sujet avec lui. Son soutien me manque terriblement, sa fierté également ; ces deux sentiments me manqueront je pense tout au long de ma vie. Quel adolescent de 17 ans pourrait prétendre ne pas avoir besoin du soutien, des conseils et de l'amour de son père ? Une ado aura besoin de sa maman et un ado de son papa ; j'aurais aimé que mon père m'apprenne bon nombre de choses qu'un père est censé apprendre à son fils, j'aimerais que mon père me témoigne sa reconnaissance et sa fierté en assistant à l'une des représentations d'un de mes *ONE MAN SHOW* ; le jour où j'aurai le plaisir et l'immense privilège de compter mon père parmi mon public, un vide insupportable se comblera ; dès lors je serais convaincu de la reconnaissance tant cherchée et attendue de mon père envers moi, le maillon d'une chaine lui permettant de se refermer, une boucle de protection enfin complétée à mes côté comptant ma mère, mon père, ma grand-mère et mon public...

Chapitre 3
L'école de la vie...

Comme beaucoup d'enfants je suis allé à l'école dès l'âge de 3 ans commençant dans la classe des petites sections ; je n'ai pas le souvenir d'avoir eu peur de m'y rendre; mes parents me confirment par ailleurs que je n'ai jamais fait une crise de pleurs pour ne pas aller à l'école à cet âge. Déjà à 3 ans la découverte d'un nouvel environnement ne m'effrayait pas, comme si j'étais prêt à rentrer dans la vie et qu'il était logique d'aller voir des enfants de mon âge, d'aller découvrir autre chose que la nounou, la maison et les grands-parents. J'avais 3 ans et déjà mon caractère opiniâtre et casse-cou se révélait au grand jour ! Peut-être savais-je déjà que la vie serait faite de nouveautés perpétuelles et que je n'aurai pas d'autres choix que d'accepter et vivre l'instant et l'événement qui se présenterait à moi. Ce qui est assez curieux c'est que j'étais un jeune garçon au sang chaud, assez violent ne laissant pas beaucoup de place à la diplomatie et au dialogue ; lorsque quelqu'un s'avisait de m'embêter de trop, je sortais les poings ! Chose qui à présent me révolte ! J'ai le souvenir d'un jour où j'étais en classe de moyenne section, j'avais donc 4 ou 5 ans à peu près et chaque soir je rentrais chez moi en me plaignant sans cesse d'un certain Mathéo qui visiblement empiétait un peu trop sur mon espace personnel ; mon père fort lassé d'entendre chaque jour le même disque, m'eut dit en rigolant ; "tu n'as qu'as lui faire comprendre qu'il t'embête à la manière d'un homme et je t'offrirais une "Game Boy" " *(pour les très jeunes il s'agit de l'ancêtre de la Nintendo DS)* ; bien que le ton qu'il employait était sarcastique mon oreille l'eut compris différemment ; le lendemain lorsque ce fameux Mathéo s'est approché de moi je ne lui ai pas même laissé le temps de me parler ou même de m'embêter que je me suis retourné violemment pour lui mettre mon poing sur le nez ! Ce qui lui entraina une fracture du cartilage inférieur nasal ! Quelle force avais-je ! *(rire)* Mon père fort dépourvu de ce qui c'était produit ne put me faire de remontrance se sentant coupable en quelque sorte des évènements peu glorieux produits dans la journée ; c'est ainsi que j'avais obtenu ma première et ma seule console de jeux ! Je tiens à préciser pour mon jeune public que je raconte cette histoire avec ironie aujourd'hui mais en prenant du recul je ne suis pas fier de cela, car les complications auraient pu être beaucoup plus importantes ; la violence ne résout rien en effet ; il s'agit d'une phrase que l'on entend tous les jours mais c'est une réalité ; la violence apporte l'animosité, la haine et le désir de vengeance de la part du blessé, autrement dit rien de sain. J'ai ensuite poursuivi mes études dans cette école Marcel Pagnol de Veauche dans un premier temps dans l'école maternelle puis dans l'école élémentaire. Lors de ma rentrée en classe de CP ce fût le début de mes interrogations sur qui j'étais par rapport aux autres élèves qui me paraissaient si différents de moi. Je les voyais insouciants, religieusement assis sur une chaise de classe devant leurs bureaux à apprendre toutes sortes de choses, à essayer de retenir les leçons de la journée sans pour autant essayer de comprendre ; moi j'avais besoin de comprendre plus encore que ce que l'on nous demandait, je posais des questions sans arrêt, mes interventions répétitives me valaient bien souvent les rages de la classe ; leurs soupirs et leurs râles je ne les comprenais pas, alors que mes camarades pensaient que je voulais simplement faire mon intéressant ; moi je voulais apprendre encore et davantage. En quelque sorte, je voulais lire entre les lignes, apprendre en profondeur ce que le professeur ne prenait pas le temps de faire, légitimement d'ailleurs car il se contentait d'apprendre à des élèves de CP ce que des élèves de cet âge avaient besoin de savoir ; l'approfondissement se fait dans les classes supérieures mais moi j'avais déjà pris mon train, ce même train qui ne m'a jamais lâché, me donnant de l'avance sur tous les jeunes de mon âge. Les années passèrent mais je ne comprenais toujours pas pourquoi je ne parvenais pas à trouver des amis ; je m'entendais à merveille avec les filles, mais je n'arrivais pas à trouver d'amis garçons, est-ce parce que les filles sont plus évoluées en terme de maturité dans la majorité des cas ? J'en suis convaincu, ce sont les seules à qui je pouvais et peux toujours aujourd'hui me confier sans avoir peur des retours et du jugement. Bien que j'adorais apprendre et découvrir de nouvelles choses de jour en jour, je me lassais de l'école déjà en CM2 ; pourquoi dès cet âge je ne me sentais pas à ma place à l'école ? Sûrement parce que je ne me sentais pas compris ; je me sentais différent, je me renfermais sur moi avec pour seul allié la violence, cette même violence qui s'était introduite en moi en moyenne section ; je me revois encore dans le bureau de la directrice toutes les semaines pour répondre de mes violences avec mes camarades souvent apeurés lorsqu'ils me voyaient ; je ne me rendais pas compte à cet instant que la violence m'excluait encore plus des autres, jusqu'au jour où je suis arrivé en classe de 6e au collège Sainte-Stéphanie.

*

Arrivé dans cet établissement j'ai découvert plus fort que moi ! Les jeunes sont cruels entre eux et je peux vous garantir que je sais de quoi je parle ! Alors que comme à mon habitude un camarade ne me revenait pas, j'ai cogné le premier... le retour du bâton a été violent ; il n'a rien fait sur le coup mais il est revenu entouré de 5 amis ; les apercevant je fais mine de ne pas les voir, j'essaie de m'échapper et je vais derrière le collège vers le mur d'escalade pensant les avoir semés, mais non ! Ils m'avaient suivi ; j'écris ces lignes non sans peine me rappelant la scène ; ils m'ont poussé violemment, je suis tombé à terre et à cet instant ils m'ont roué de coups de pieds dans le ventre, dix-huit exactement, m'ont jeté trois pierres de taille conséquente dans les tibias et les hanches, essayant d'atteindre mes parties génitales, m'ont craché dessus chacun à leur tour, m'ont insulté de noms que je ne pourrais retranscrire dans ce livre par excès de violence, puis pour conclure ils me relevaient en m'attrapant par ce que l'on appelle "le colback" en formant un cercle et me poussaient un à un violemment dans leurs bras comme on se passerait un ballon de football ; la scène d'horreur se terminait lorsqu'ils me jetaient au sol me trainant par les pieds, en me menaçant de recommencer si je parlais ! A lire ces lignes on pourrait croire qu'il s'agit d'un scénario de film abordant un règlement de compte mais non ! Il s'agissait de mon retour de bâton, et du début de mon long harcèlement scolaire qui dura 1 an. Bien que je fusse impulsif et parfois violent je n'ai jamais été harceleur ; je n'ai jamais mis de pression sur quelqu'un ; lorsque je me battais c'était une pulsion qui m'envahissait, regroupant à la fois la haine de ne pas être compris, la haine d'être sans cesse moqué et d'être vu comme un extraterrestre, mais je n'ai jamais frappé quelqu'un plus d'une fois !... Une fois de trop me diriez-vous et je le dis également aujourd'hui ! Je ne sais pas comment je réagirais à votre place si je devais lire des lignes d'un homme qui fût violent dans le passé ; je ne sais pas si je le jugerais en disant ; « c'est bien fait il n'a eu que ce 'il méritait » ou bien je me dirais peut-être : « c'était la seule arme qu'il possédait pour que quelqu'un le voie et le remarque" ; durant 1 an, ces mêmes élèves me regardaient de haut, se moquaient ouvertement de moi et réunissaient toujours plus de monde pour parler de moi de façon non élogieuse. Imaginez un enfant de 12 ans au milieu d'un cercle humain confronté à une dizaine de personnes crachant à ses pieds et riant aux injures proférées à son égard ! J'ai vécu je crois les plus longs moments de ma vie. Une fois le cirque terminé et que le lion maltraité est à terre, les harceleurs s'approchaient pour proférer des menaces à mon égard « Dis-toi que nous sommes gentils mais si tu parles on te défonce » voici verbatim les paroles que je recevais chaque jour. Combien de fois ma grand-mère est venue me chercher au collège pour des maux de ventre parfois pseudo parfois réels lorsque les coups de pied m'anéantissaient. Je n'ai jamais parlé de ce harcèlement de façon aussi explicite ; ma famille va découvrir mon calvaire en même temps que vous tous mes lecteurs, je n'ai jamais explicitement parlé de mes violences physiques à quelqu'un d'autre que la psychologue que j'ai consultée au bout de 10 mois de harcèlement jusqu'à ce que l'on parvienne à poser un diagnostic sur ce que je vivais ! J'ai tenu dans ce récit à aborder ce point douloureux de ma vie, à partager avec vous mon histoire dans l'espérance que si des lecteurs, sont confrontés à la même chose que j'ai vécu plus jeune, n'aient pas peur de parler ! Il faut parler, poser des mots sur ce que vous vivez c'est essentiel. J'ai eu la chance de n'avoir aucune idée suicidaire durant cette période car je suis convaincu que si cela avait été le cas, je n'aurais pas beaucoup hésité je pense, tellement mon mal-être était important ; j'étais seul, personne ne savait, je ne parlais pas, j'avais bien trop peur des représailles, mais sachez que si vous en parlez à vos parents, à vos amis ou à une personne de confiance, chose que je n'ai pas faite, vous serez intérieurement plus sécurisé et épanoui ; vous pourrez enfin vous sentir compris et aidé ; vous ne serez plus seul à vivre avec cela ; à plusieurs on est plus fort et c'est vrai ! Bien souvent on croit que ce sont ceux qui frappent qui sont forts et les frappés sont les faibles ; lorsque j'étais un jeune garçon impulsif et bagarreur, *(Oui je change le terme de violent car après avoir raconté ce que j'ai vécu je ne peux plus me considérer comme violent ! mes harceleurs étaient violents moi j'étais bagarreur !)* donc lorsque j'étais impulsif et bagarreur je pensais que les puissants étaient ceux qui frappaient, mais pour avoir eu la malchance de me trouver de l'autre côté du problème, je peux vous assurer que sur le coup vous vous sentez faible ; mais en vérité vous ne l'êtes pas, ce sont eux les faibles, ces personnes qui ne savent s'exprimer que par la violence et la terreur ! Vous êtes plus fort qu'eux et ils le savent ; c'est pour cela qu'ils vous menacent encore et toujours pour être certains que votre force ne prendra jamais le dessus !

*

Avant de conclure ce passage sur le harcèlement, je désire m'adresser aux parents des victimes de harcèlement : Ne vous sentez pas coupable de n'avoir rien vu plus tôt, de ne pas avoir été présent pour votre enfant, ne vous affligez pas la souffrance du fameux ''SI'' ; « Et si j'avais fait attention à lui… » « Si seulement je m'étais aperçu qu'il allait mal… » etc.… Toutes ces phrases ne vous les mettez pas à l'esprit ! Vous n'êtes en aucun cas responsable de ce qui arrive à votre enfant et surtout vous ne pouvez pas voir ce qui se passe puisque votre enfant vous montre qu'il va bien ! Nous les victimes de harcèlement nous devenons tous des acteurs hors-pair ; nous souhaitons tellement que personne ne sache ce qui se passe et surtout que nos parents ne soient pas au courant pour ne pas les inquiéter, que personne ne puisse deviner le calvaire que vit un harcelé. Vous n'êtes pas responsables ; vous ne pouviez ni voir ni même savoir, alors un conseil d'ancienne victime que je fus, dédouanez-vous de toute culpabilité et/ou responsabilité !

*

Une fois le harcèlement diagnostiqué nous avons pu, avec la direction de mon établissement, trouver des solutions et mettre un terme à mon calvaire quotidien ; j'ai alors pu poursuivre ma scolarité dans ce même collège ne voulant surtout pas fuir mes ennemis ; un jour quelqu'un a dit : *"regarder son ennemi droit dans les yeux est la meilleure façon de le vaincre"* je partage en tout point cette citation car il est vrai que fuir aurait été pour moi une défaite, une sorte de soumission comme au temps des chevaliers ; lorsque l'adversaire trop épuisé déclarait forfait, il devait allégeance et dévouement au gagnant, chose à laquelle je n'aurais jamais pu me résoudre ! Le harcèlement scolaire m'a tout de même coûté le redoublement de la classe de 6e ; j'ai vécu cela dans un premier temps comme une seconde punition et puis comme un cadeau finalement car j'ai enfin réussi à me faire des amis ; j'ai enfin pu découvrir la sensation que procure l'amitié. Des amitiés que j'entretiens encore aujourd'hui avec certaines de ces personnes. Ensemble nous avons fait notre chemin dans ce collège. En 6e j'étais convaincu que je voulais être professeur d'anglais , grâce à une de mes enseignantes que je nommerai Madame U ; elle avait un tel amour pour son métier, une telle façon de l'exercer qu'elle m'avait donné envie de faire ce métier ; elle m'a appris à aimer l'anglais, à le parler mais surtout à en comprendre son utilité. Je souhaiterais que tous les jeunes de 6e – 5e aient une professeure comme Madame U, pour comprendre que l'anglais est une belle langue utile et indispensable de notre temps ; je ne comprends pas que les élèves aujourd'hui ne se rendent pas compte que sans cette langue beaucoup de portes nous sont fermées : les voyages, les emplois commerciaux, les échanges avec des personnes étrangères et bien d'autres circonstances où cette langue nous est absolument indispensable ! Bien que l'anglais me passionnait et me fascinait au point de vouloir en faire mon métier, j'aimais de moins en moins les cours d'EPS, de Géographie, d'Histoire, de Français ; en somme je ne venais au collège que pour l'anglais et l'espagnol ! Je me lassais totalement du reste. Mes notes en étaient le constat, mes professeurs de 3e ne faisaient que répéter à mes parents que parti comme cela je n'irais pas loin et que pourtant j'avais le potentiel de faire mieux que cela ! Tous à l'exception d'une prof, ma professeure de Mathématiques Madame Tomic ! Bien que j'étais sûrement son élève le plus mauvais, elle ne m'a jamais méprisé ; elle m'a toujours encouragé à vivre ma passion, me répétant sans cesse que j'y arriverais, qu'elle croyait en moi, et que j'avais le rire dans la peau, elle me confortait dans mes projets d'avenir. Avec Madame U, elles font partie des premières personnes à avoir cru en moi et en mon talent. Madame Tomic n'est pas seulement prof de maths, c'est une femme pleine d'humanité et d'humanisme ; consciente que sa fonction lui donne pour mission de transmettre, elle va plus loin encore ; elle aide ses élèves à grandir en les soutenant dans leurs projets ! Je me suis souvent posé la question du pourquoi, pourquoi me soutient-elle depuis le début ? Pourquoi croit-elle autant en moi ? Je crois que j'ai la réponse... En plus de sa profession que j'ai citée elle est également prof de danse ; elle transmet également une forme de culture artistique au travers de la danse et je pense qu'entre artistes nous nous comprenons ; nous sommes conscients que pour parvenir à accomplir nos rêves nous avons besoin de personnes qui croient en nous ! J'aimerais la remercier chaleureusement d'abord pour son soutien sans faille mais également parce qu'elle était l'une des seules à ne pas m'avoir fait peur avec la fameuse phrase « Tu es sûr de vouloir partir sans diplôme dans la vie ? Tu n'as pas peur ? C'est dommage parce que tu serais capable de réussir scolairement... !» Vous savez nous sommes tous capables de courir mais sommes-nous tous motivés à le faire... ? Je crois que non. Ce n'est pas parce que vous avez le potentiel de faire quelque chose que vous serez forcément motivé à le faire. Je ne peux pas terminer ce chapitre sans parler d'une autre personne qui compte énormément pour moi, il s'agit de mon amie Sylvie. Sylvie était surveillante dans mon collège et lorsqu'elle est arrivée dans mon établissement, j'étais en 5e et nous avons tout de suite accroché tous les deux. Nos rapports qui devenaient de plus en plus amicaux au fil du temps étaient assez compliqués à vivre au collège car en tant qu'employée, elle ne devait pas avoir de relation amicale avec les élèves dont elle s'occupait ; mais ce n'était pas ses élèves, c'était un élève et j'ai eu la chance que ça tombe sur moi ! C'est une amie en or, une personne que je considère énormément ; elle a cru en moi depuis le début, ne m'a jamais lâché, m'a toujours guidé et repris sur certains points où trop confiant je risquais de m'écraser. Je tiens à la remercier pour l'amie qu'elle est, pour la confiance qu'elle me porte et pour son soutien précieux ! Contre toute attente j'ai passé le diplôme national du brevet des collèges en classe de 3e et je l'ai obtenu avec mention assez bien. Conscient qu'il s'agira du seul diplôme d'étude que je possèderai dans ma vie, je me rattache à mon diplôme personnel, le plus beau à mes yeux ; il s'agit du diplôme de la détermination ; je pense que celui-ci m'apportera bien plus de choses que le brevet... vous en doutez ? Attendez un peu, je vais vous le prouver !

Sorti du collège et convaincu depuis la 4e que professeur d'anglais ne pourrait pas être ma profession au vu de mes résultats scolaires et de mon désintéressement total pour l'école, j'ai passé mes vacances d'été à parler à mes parents de service civique ; je leur exposais mes projets théâtraux, mon envie de partir vivre la vie d'artiste à Paris ; en vain mes parents m'ont inscrit au Lycée des Horizons, un lycée non loin de chez moi où je suis rentré en 2nde Générale.

Je peux enfin révéler à ma famille que ce choix de 2nde Générale était réfléchi, bien conscient que je n'aurais jamais le niveau demandé pour cette classe ; mes parents allaient enfin se résoudre à entendre raison et me laisser quitter le monde scolaire pour vivre de ma passion artistique mais surtout et avant tout vivre dans la vie active, la vie d'adulte tant attendue depuis tout petit ! Je serais menteur de dire que je suis le seul à avoir agi pour que mes parents acceptent ma déscolarisation, car en réalité j'y suis pour une petite partie... Je tiens à parler dans ce livre des personnes que j'aimerais remercier chaque jour pour l'aide qu'elles m'ont apportée pour convaincre mes parents. Je veux parler de Madame M, infirmière scolaire de mon lycée et Madame P, ma professeure de Français et de Théâtre ; elles sont le témoignage que les professeurs ne sont pas là uniquement pour nous voir assis sur une chaise à leurs cours, en suivant le schéma d'un élève modèle ; elles sont la preuve que les professeurs sont d'abord et avant tout des personnes humaines, des personnes qui exercent leur métier par passion pour leur matière bien sûr mais surtout et avant tout pour leurs élèves, leur seul but c'est notre réussite dans la vie. Plus que mes professeurs elles ont été mes guides et mes alliées si je puis dire. Madame P, était au courant de mon projet de vie d'artiste et de mon projet de vouloir partir à Paris ; au départ je pense qu'elle ne s'est pas posée trop de questions comme beaucoup de personnes ; elle a surement pensé à un rêve de jeune qui veut son quart d'heure de célébrité, mais la chance que j'ai eue, c'est de l'avoir eue comme professeur de théâtre ; elle a pu durant ses cours constater mon talent, ma volonté et ma détermination à accomplir mon projet de devenir artiste ! Arrivée vers le mois de Janvier je pense qu'elle s'est rendue compte que lorsque je lui ai dit le premier jour de rentrée « Je veux être artiste » et non « je rêverais de devenir artiste » cela était bel et bien une volonté et un projet de vie que je voulais accomplir et que j'accomplirai. Après concertation avec Madame M, *(l'infirmière du lycée)* elles ont convoqué mes parents et je me rappelle mot pour mot ce qu'elles ont dit à mes parents.

D'abord Madame M, a dit à ma mère : « Julien est habité par son projet, il est fait pour ça ! On sent que ce n'est pas une lubie mais son désir de profession ; les professeurs ne le trouvent pas concentré sauf en théâtre... » Ce à quoi Madame P, a ajouté ; « Votre fils, madame Robin, est fait pour le théâtre, il a l'actorat dans le sang, vous verriez son jeu, avec la troupe il nous épate ! Vous devez le laisser partir vivre sa vie d'artiste ! » Je vous passe le reste du contenu de l'entretien qui dura quelques heures. C'est ainsi que le 26 Janvier 2020 je présentais ma démission à mon statut d'élève à la direction de l'établissement, et je quittais définitivement ma vie d'étudiant le 5 Février 2020.

Aujourd'hui je vis de ma passion en grande partie grâce à ces deux professeurs mais également grâce au soutien sans faille de l'ensemble de l'établissement qui m'a offert une somptueuse après-midi d'au revoir avec tous mes professeurs réunis, mon Proviseur, la Proviseur adjointe et quelques surveillants accompagnés par la troupe de théâtre ! Le tout couronné par un chapeau offert par l'ensemble de l'équipe éducative, chapeau qui par ailleurs est présent dans mon prochain ONE MAN SHOW :

''J'ai tant de choses à vous dire'' Lors de mon entrée en scène ! Alors à vous tous au Lycée des Horizons qui m'avez permis de partir vivre mes rêves et qui croyez en moi je veux vous dire...

MERCI !

Chapitre 4
J'ai aimé, j'aime, j'aimerais ...

Dans chacune de nos vies nous devons affronter des épreuves douloureuses, joyeuses, dévastatrices ou constructives ; bien que je n'ai que 17 ans j'ai vécu chacune de ces épreuves ; cependant celles que je qualifie de dévastatrices et douloureuses sont les pertes proches que j'ai vécu ; la disparition, la mort d'un être cher est une épreuve atroce pour chacun d'entre nous, la plupart du temps on souffre, puis on fait notre deuil et alors on repense à ces personnes avec nostalgie et on se relève de ses drames et on avance ; eh bien moi je ne possède pas cette capacité de me relever du départ de quelqu'un qui m'était cher. Chaque perte crée en moi une plaie inconsolable et douloureuse dont je ne peux me relever, je pense à eux tout le temps ; à travers la mort ils vivent à jamais en moi. Ces pertes si douloureuses et si nombreuses concernent les personnes dites du 3e âge ;

j'éprouve à leur égard un tel respect et une telle admiration que mon cœur souffre de douleur et de peur, la peur non pas de ma fin mais de la leur ! J'ai peur en effet de perdre ces êtres chers à mon cœur et je ne possède pas cette faculté qui permet de se préparer à un deuil ! Je sais que ce jour va arriver mais je le redoute jusqu'au jour où ce jour est bien là ! Que l'annonce d'un décès soit prononcée, je souffre ; mon cœur se détruit à chaque perte et la destruction n'est pas reconstructible, c'est là ma plus grande faiblesse ! En 2012 mon arrière-grand-père, Félix est décédé à l'âge de 101 ans, ; ce fût une des épreuves la plus dure de ma vie qui perdure encore aujourd'hui ; je ne parviens pas à me consoler de son départ ; mon pépé représente à mes yeux le caryotype même de l'homme, le courage, la bravoure, la dignité, la force tant morale que physique ; je suis conscient de ce qu'il m'a transmis, des valeurs fondamentales qu'il m'a inculquées ; bien que je n'avais que 8 ans lors de son départ j'étais très proche de lui ; je le voyais régulièrement le midi lorsque je mangeais chez mes grands-parents après l'école. Alors que mes cousins s'empressaient une fois le déjeuner terminé, d'aller regarder la télévision, moi je m'empressais, de prendre mon vélo pour aller le voir chez lui ; je le revois encore installé dans son fauteuil rouge entre son vieux fourneau et son meuble en chêne ; je m'installais en face de lui sur une chaise et je l'écoutais des heures durant me raconter ses souvenirs de guerres ; j'aurais pu les raconter à sa place tellement je les avais entendus sans jamais me lasser ; j'écoutais avec passion et fierté l'histoire de sa vie, l'histoire de notre pays et de nos valeurs ! Je lui dois non pas partiellement mais pleinement ma culture générale et ma soif d'apprendre de la vie ; il a été mon professeur dans la plus belle école qui existe sur cette terre, "l'école de la vie". Sans jamais me dire ce que je devais faire de ma vie ou comment je devrais agir face à telle ou telle situation, je comprenais d'instinct ce que j'avais à faire ! Souvent je me demande s'il serait fier de moi aujourd'hui... je me demande s'il me soutiendrait dans mes projets mais ces questions restant à jamais sans réponse je m'efforce chaque jour de faire en fonction de ce qu'il m'a appris dans le but de le rendre fier de là où il se trouve, si tant est que la mort ne soit pas une fin... N'oubliez pas que personne n'est éternel ; nous sommes sur terre pour un temps nous sommes en location et lorsque la mort décide de nous acheter nous ne pouvons pas refuser ; nous la prenons en amie et nous partons avec elle, alors profitez chaque instant de vos proches car le jour où à leur tour ils décideront de prendre le chemin des étoiles vers le jardin au mille plaisirs il est trop tard pour regretter ! Lorsque mes cousins et cousines me disent « on aurait dû passer plus de temps avec lui » ou encore « si on avait su » je préfère ne pas répondre à ces affirmations qui me blessent au plus haut point car ils le savaient ! On ne peut pas ignorer qu'un diamant est dans notre coffre-fort ; on ne peut pas dire quel dommage que nous ne l'ayons pas plus vu ! Car il était à deux pas de chez mes grands-parents, ils sont à ce sujet inexcusables ! Je ne pourrais jamais leur pardonner une telle ignorance envers un homme qui a combattu lors de la 2nde guerre mondiale pour son pays ; on ne peut pas ignorer un homme aussi formidablement admirable que mon arrière-grand-père ! La perte de mon arrière-grand-père en 2012 m'a fait prendre conscience de ce qu'est la peur, non pas la peur de perdre une partie de jeu vidéo mais de perdre ceux qui m'ont appris le respect, l'amour, de perdre tout simplement les êtres de mon cœur, ceux qui me tiennent debout chaque jour de ma vie comme un tuteur montrerait le chemin à un arbre pour qu'il reste en grandissant dressé majestueusement d'une posture droite et linéaire, une posture inébranlable. Lorsque l'on perd un proche bien souvent on se dit que va-t-on faire sans lui... moi, non seulement c'est la question que je me pose à chacune de mes pertes, mais je me la pose chaque jour, que vais-je faire sans eux ? Comment vais-je pouvoir avancer ? Est-ce comme cela qu'ils auraient agi ? Ou bien auraient-il été fiers de moi ? Je me rassure en me disant que la voie que je prends est la bonne et qu'ils m'auraient de toute façon suivi. Un peu simple de parler à la place des défunts me diriez-vous, cependant si je restais sur mes interrogations diverses et multiples je ne pourrais pas avancer !

Récemment j'ai également perdu mon grand-père Marcel le 9 avril 2020 ; encore une perte d'un être cher à mon cœur qui est parti dans des conditions inexplicablement atroces liées à la COVID-19. Sa disparition a fait jaillir en moi un sentiment de peine bien évidement inconsolable, mais également de colère envers mes cousins et mes tantes qui ne sont pas allés lui rendre visite avant son départ, qui l'ont laissé seul dans sa chambre d'hôpital dans l'attente de son salut ; comment peut ont abandonner son père et son grand père livré à lui-même au pied des portes de la mort ?! Comment peut-on faire preuve d'une telle ignorance face à un être qui nous a donné la vie et nous a tout appris ?! La crise sanitaire, qui s'est abattue sur le monde durant la période où mon grand-père nous a quittés, nous a empêchés de nous recueillir autour de son corps pour lui rendre un dernier adieu digne de ce nom ; comment puis-je faire le deuil d'une personne chère à mon cœur, dont je sais parce qu'on me l'a dit qu'il est mort sans en avoir eu aucune preuve, sans avoir pu lui dire adieu, sans avoir pu lui parler et lui confier ma peine autrement que derrière une boite en bois ?! Toutes ces questions et bien plus encore qui attendent tant de réponses, des questions remplies d'espoir que mes derniers instants avec lui ont pu l'aider à partir paisiblement, entouré de mon amour le plus profond, mes pensées et mes prières les plus fortes... longtemps, longtemps j'ai cru en un dieu, en une force céleste qui puisse m'aider à moins craindre l'inévitable, une force qui puisse me rattacher à l'espoir plutôt qu'au désespoir. Aujourd'hui je cherche ces réponses, je cherche ma place et j'aimerais retrouver mon ignorance d'enfant, cette même ignorance qui me permettait de croire qu'un jour ou l'autre je puisse revoir les personnes qui m'étaient chères, que lorsque je lève les yeux au ciel ces mêmes personnes me guident et veillent sur moi ! Aussi malheureuse soit la perte de mon grand-père, aussi douloureuse soit-elle, cela m'a permis de me remettre en question sur ce que j'ai fait et pas fait mais surtout sur ce qu'il m'a apporté, parmi les innombrables moments marquants passés à ses côtés, et les milliers de choses qu'il m'a soit apprises soit apportées physiquement, mentalement, ou personnellement ; je me suis rendu compte qu'il m'a apporté mon don le plus précieux, ce pour quoi je suis né, le rire et la volonté de faire rire pour effacer les envies de pleurer... son rire et son humour m'ont permis de donner un objectif dans ma vie, ou plutôt l'objectif de ma vie !

Faire de ce don un talent qui me fera vivre, et qui fera que n'importe quel endroit où se trouvera mon grand-père si tant est qu'il y ait un après... mon grand-père soit fier de moi ou l'aurait été s'il avait été près de moi ! Devant la bravoure, la gentillesse et l'amour de cet homme je suis devant des multitudes de questions et d'incompréhension, de la haine, de la colère nourrie chaque minute par les noms de ceux qui l'ont abandonné aux marches de la mort *(mes tantes, cousins et ma cousine)*, seul attendant son salut entouré de ceux qui l'estimaient plus que tous ! L'abandon de ceux qui nous sont chers me parait extrêmement difficile à vivre mais elle me parait surtout inconcevable à faire ! Comment peut-on vivre en se disant que nous n'avons rien fait pour rendre la fin de vie de son père ou son grand père plus agréable, plus paisible, en lui témoignant notre amour et notre accompagnement vers le dernier voyage, l'ultime voyage celui qui nous sépare pour toujours ?! Je ne concevrai jamais un tel manque de civisme ; je porterai cette haine jusqu'à ce qu'à mon tour je m'éteigne dans l'espérance de ne pas partir seul dans cette destination inconnue, dans l'espérance que quelqu'un me tiendra la main pour me dire pars en paix... J'en veux à l'institution française de ne pas m'avoir permis d'offrir à mon grand-père la fin heureuse qu'il méritait tant ; j'en veux à cette même institution de ne pas m'avoir permis de lui dire face contre face tout le bien que je pensais et penserai jusqu'à ma mort de lui, de lui dire pour conclure mes paroles d'adieu « JE T'AIME » comme dernier mot, comme la clé lui permettant d'ouvrir avec la plus grande paix la porte de l'éternité vers son amour de toujours, ma grand-mère.... Je pourrais me consoler en me disant que la vie n'est pas juste, mais l'a-t-elle déjà été un jour ? A-t-elle déjà été d'une justice magistrale profitant aux bons pour mieux dé-profiter à ceux qui ne veulent pas de cette vie si irréprochable soit par leurs actions soit par leurs pensées quelles que soient leurs directions, qu'elles soient personnelles ou contre autrui ? Si en effet il y a une justice finale, un dernier jugement je sais désormais que ce n'est pas ici-bas qu'elle sera rendue. Cependant cet espoir de justice divine m'aide à surmonter cette haine qui nourrit ma colère de jour en jour et j'ai espoir que tôt ou tard les erreurs du passé ne resteront pas impunies !

*

Bien que j'en veuille cruellement à certaines mesures, prises pour le bien d'une nation, pour les raisons que je viens d'exposer, je ne peux en vouloir au fond qu'à la pandémie car je sais que l'institution dont je parlais n'avait pas le choix ; si je parle d'un point de vue personnel je peux en vouloir au gouvernement Français, mais cela serait égoïste d'en vouloir à ceux qui voulaient nous protéger...

*

Je me félicite de la proximité que j'ai eu avec mon grand-père ; je me félicite de chaque moment que j'ai passé avec lui comme s'il s'agissait des derniers car je n'ai aujourd'hui aucun regret le concernant ; je ne me suis jamais, depuis son départ, dit : « si j'avais su » ou bien « j'aurais dû » parce que non seulement je savais la chance que j'avais de l'avoir à mes côtés mais je savais également que sa vie n'était pas éternelle ; alors j'ai profité jour après jour de sa présence comme un cadeau de la vie. Je crois que peu de gens sont conscients de la vitesse de la vie ; j'aimerais avoir plus de personnes qui me disent ; « j'ai profité ! », plutôt que de gens qui passent leur journée à pleurer leurs regrets et leurs manques d'attention envers leurs proches disparus ! Pleurer et s'apitoyer sur ce qu'on n'a pas fait plus que sur ce que l'on a fait ne ramènera pas plus les êtres de nos cœurs à la vie !

Dans un des chapitres de ce livre je parlais des grands-parents et je disais ; « que ferions-nous sans eux ? » Question à laquelle je répondais que je n'en avais aucune idée, et bien avant de penser à ce que nous ferions sans eux, pensons à ce que l'on peut faire avec eux, pensons que le temps n'est pas malléable ; les minutes passent, le temps aussi et nos proches nous quittent. Avant de penser à la chance que l'on avait de les avoir près de nous, pensons à la chance que nous avons de les avoir avec nous ! Nos grands-parents ont passé leurs vies à travailler, avant d'avoir des enfants à qui ils ont transmis leur culture, leur savoir ; ils ont ensuite eu des petits-enfants à qui ils ont pu transmettre l'amour, la connaissance, la reconnaissance ; ils ont passé leurs vie à préparer notre héritage, je ne parle là pas d'héritage de fortune, mais d'héritage culturel. Nous ne sommes rien sans personne ! Avant de pleurer en les voyant partir apportons leur notre amour, notre soutien, notre aide ; prouvons-leur que ce qu'ils se sont efforcé de nous transmettre toute leur vie nous a été d'une utilité incontestable, non pas simplement pour les rendre heureux mais pour les remercier, leur dire merci de leur vivant pour ce qu'ils nous ont permis de devenir ! Pour leur dire ; « Je vous aime ! ». Oui ils n'ont pas toujours été de votre côté, oui parfois on peut avoir des différents avec eux, mais ils restent nos grands-parents ; s'ils ne sont pas d'accord avec vous, demandez-vous pourquoi, ils ont le vécu et l'expérience que nous n'avons pas ; s'ils ne sont pas d'accord avec vous il y a peut-être, même certainement des raisons valables ! Il est fortement possible qu'ils se fassent du souci pour nous, *c'est la raison pour laquelle ils ont autant de cheveux blancs (rire)*. Ils ont peut-être peur pour nous, peur que nous ne parvenions pas à faire ce dont nous rêvons... Il y a mille et une raisons qui pourraient faire qu'ils ne sont pas de votre côté parfois, cela peut être énervant sur le moment, je sais de quoi je parle, mais lorsque vous réfléchissez vous vous dites ; « C'est parce qu'ils m'aiment, qu'ils se font du souci... »

Dans la voie professionnelle dans laquelle je me dirige, je comprends qu'ils se fassent "du mouron", personne dans la famille n'a emprunté ce chemin, c'est un monde inconnu pour eux, et l'inconnu fait peur... Bien souvent avec mon grand-père nous nous querellions à ce sujet, mon grand-père campant sur ses positions, que ce métier ne m'apporterait rien, que je devrais être professeur d'anglais ou toute autre profession accessible plus facilement qu'acteur, et moi lui tenant tête en lui exposant que ce n'est pas simplement un choix mais une vocation ! Aujourd'hui je ne lui demande pas d'être d'accord avec moi, car je respecte son opinion, mais je lui demande de me comprendre...

Mes cher(e)s lecteurs, lectrices ; vos grands-parents sont ce que vous possédez de plus précieux avec vos parents ; vous avez peut-être encore la chance de les avoir ; alors si c'est le cas profitez-en, profitez chaque instant de leur présence comme si c'était la dernière fois que vous les voyez, afin de savourer chaque minute, chaque seconde de leur précieuse présence à vos côtés. Aimez-les autant qu'ils vous ont aimé et qu'ils vous aimeront toujours ; soyez présent pour eux autant que vous le pouvez ; le jour où ils s'en iront pour toujours il sera trop tard pour regretter !

Vous ne devez pas vous dire après leur départ ; « J'avais tant de choses à vous dire ou à faire avec vous » mais vous devrez vous dire ; « Je suis fier de ce que l'on a fait ensemble, merci pour tout ce que vous m'avez apporté, je vous aime ! » Cela peut paraître dur à concevoir ; cependant lorsque mon grand-père et mon arrière-grand-père sont partis c'est ce que je me suis dit, je n'ai eu aucun regret, je suis fier de ce que j'ai partagé avec eux, je suis fier de ce qu'ils m'ont transmis et aujourd'hui je leur dis ; « MERCI ! » mais surtout

JE VOUS AIME...

Chapitre 5
En scène !

Comment m'est apparue cette idée de vouloir devenir artiste ?! Encore une fois j'ai choisi une voie professionnelle qui n'est pas banale ; à croire que cette volonté de vouloir faire toujours différemment des autres m'habite chaque jour de plus en plus inconsciemment. Je pense que mon collège n'y est pas tout à fait pour rien, car l'établissement où j'étais, était très solidaire et en partenariat avec les restos du cœur, le midi il organisait diverses activités occasionnelles, auxquelles nous ne pouvions nous rendre que si nous emmenions des conserves, des pâtes ou toutes autres sortes de denrées alimentaires qui étaient offertes aux restos du cœur. Un jour alors que mon directeur d'établissement devait être à court d'idées et sachant que j'aimais rire, il me proposa de faire un ONE MAN SHOW ou de jouer un spectacle déjà existant au profit de cette noble cause. A 13 ans bien que j'avais une grande maturité, je n'avais pas l'imagination requise pour écrire un show de 1h00 – 1h30, et pour pouvoir honorer cette demande j'ai alors décidé de jouer le ONE WOMAN SHOW de Mimi Mathy qui s'appelle *"Je re-papote avec vous"* ; si ce live devait revenir aux oreilles de cette artiste que j'admire, j'espère qu'elle ne m'en voudra pas d'avoir joué son spectacle au profit de cette association qu'elle défend brillament aux côtés d'autres artistes. J'ai donc durant à peu près 1h15 joué le rôle d'une femme mariée avec des enfants à charge *(rire)* ; je me rappelle ce jour où j'étais mort de trac, c'était la première fois que j'allais jouer devant des personnes, mais j'avais une envie folle d'y être pour jouer ! A 11h30 je demandais à mon professeur de m'absenter avec quelques camarades pour commencer à préparer le gymnase où j'allais jouer 30 minutes plus tard ; je me mis en habit de scène, je mangeais mon sandwich avant de faire mon entrée *(oui je sais c'est interdit) (rire),* et j'entendais le public s'installer dans la salle ; la peur, l'angoisse, le stress et tous ces sentiments inconfortables qu'un artiste ressent avant son entrée en scène m'envahissaient ; j'entrouvrais alors le rideau pour voir le public ; je demande le nombre de présents et on me répond avec hésitation... « 123 ! » aussitôt ce nombre donné j'ai failli faire au moins deux arrêts cardiaques *(rire) ;* soudain mon directeur arriva dans les coulisses et me dit ; « on y va c'est parti » ; tremblant comme une feuille je donnais l'ordre de démarrer la musique d'entrée et j'entrais en scène la boule au ventre de peur d'oublier mon texte et puis je m'acclimatais au public et y pris même du plaisir ; c'est ainsi que j'ai pu jouer durant environ 1h15 sans aucune hésitation et rature. La fin du show arrivait et je stressais désormais de savoir si les gens avaient aimé et s'ils allaient applaudir le dernier couplet de la chanson de fin, chanter et me voilà rassuré, j'ai eu droit à ma première standing-ovation et à des applaudissements magistraux. Ce jour-là j'ai pleuré de joie, je me suis tourné vers mon ami Donovan et je lui ai dit ; « Je veux être comédien ! » Bien sûr Donovan abasourdi par cette annonce me demanda de répéter ce que je venais de lui dire et me demanda ensuite si j'étais sûr de moi, ce à quoi je répondais que j'étais absolument sûr de moi et que ma vie serait de faire rire les gens ! A cet instant j'ai eu comme un flash, comme un appel puissant du milieu artistique, j'avais une seule certitude je serais comédien un jour ... ! J'ai alors rejoué une deuxième fois ce spectacle le soir même pour des parents d'élèves cette fois ci. Ils m'accordèrent leurs rires, leurs applaudissements et la fameuse standing-ovation, je venais d'avoir la confirmation à l'affirmation faite à Donovan plus tôt dans la journée ! Les parents d'élèves venant me combler de compliments à la fin du spectacle me demandaient déjà quand le prochain était prévu ! Bien sûr je n'avais pas encore envisagé la date de mon premier spectacle écrit de ma main ! J'ai commencé à écrire le script et en 3e une professeure d'anglais que je nommerais Madame I, organisait un voyage à New York, sûrement le plus beau voyage de ma vie, je ne la remercierai jamais assez pour cette semaine de rêve qu'elle nous a permis de vivre. Pour partir il nous fallait des sous et j'ai proposé à Madame I, de jouer un ONE MAN SHOW au collège au profit du voyage, ce qui permit de réduire le coût de celui-ci pour tout le monde. Cette fois ci j'ai joué mon premier spectacle un soir pour les adultes, avec mes propres sketchs et mon propre public ! J'avais réussi à les faire revenir me voir moi et mon show ! C'est ainsi que plus jamais je ne douterai sur mon avenir. Bien sûr un artiste n'est rien sans public, sans soutien mais également sans les autres artistes ; nous avons tous des idoles ; moi non seulement bon nombre d'artistes étaient mes idoles mais également mes modèles ; à 12 ans déjà je lisais des autobiographies, et en lisant un livre d'une artiste de renom que j'aime énormément et que j'admire, une artiste du Nord qui a 16 ans avait réussi à venir seule à Paris rencontrer l'homme qui la fera devenir une STAR internationale, je me suis dit que rien n'était impossible et que je pouvais également y arriver ! Cette même artiste a un jour dit *« il faut se créer des rêves impossibles pour les rendre possibles ! »* Si j'avais des doutes sur le monde dans lequel je me dirigeais vous pensez bien que je n'en ai jamais plus eu ! Est-ce grâce à cette merveilleuse artiste que j'ai voulu faire ce métier ? Dire "oui" entièrement serait exagéré mais je peux dire "oui" en grande partie, elle a contribué sans le savoir à confirmer mon choix et elle m'a donné malgré elle l'espoir que la réussite est au bout du chemin si je ne bifurquais pas ! Aujourd'hui je dis des milliards de mercis à cette artiste de talent ! Je lui dis merci pour ce qu'elle est, merci pour la passion du métier qu'elle m'a transmise malgré elle et surtout un immense merci de m'avoir fait croire qu'il n'y a pas de trop grand rêve mais simplement des rêves...!

Lorsque l'on veut devenir artiste au tout début où l'on fait ses premiers pas sur une scène on est très vite fixé, soit on est bon soit on est mauvais ! Le public ne ment jamais, s'il rit vous avez gagné une bataille, pas la guerre mais une bataille, je précise ce point car il ne faut jamais se reposer sur ses acquis ! Un artiste n'a pas le droit de se reposer, il doit toujours être au-dessus de son mieux, chaque spectacle doit être différent, l'acteur doit jouer le même texte mais en mieux que la représentation précédente, il ne peut pas s'améliorer il DOIT s'améliorer ! Un bon acteur ne vous dira jamais qu'il est un bon acteur, car il ne peut pas se juger ; seul son public peut le faire, la preuve en est que les artistes connus travaillent dur pour être connus, c'est le public qui décide de la carrière d'un artiste, c'est lui qui signe les contrats de carrière en venant assister aux spectacles !

Expliqué de cette façon, cela peut faire peur mais c'est le défi, c'est cela qui est intéressant et excitant ; beaucoup pourraient être stressés de ne pas réussir à être connu ; eh bien moi j'aime ce défi, où je ne contrôle rien où pour une fois j'ai besoin des critiques aussi bien positives que négatives ! Les critiques positives m'encourageront à poursuivre mes rêves et ma carrière et les négatives m'encourageront à me battre et à m'améliorer ! Je vais vous faire une confidence, je vais vous donner un des points déclencheurs de ma vocation, il s'agit de ma mère. Un jour ma mère est venue me voir en spectacle pour la première fois, et lorsque je l'ai vue rire à mes blagues, à mes sketchs et même pleurer de joie, je n'ai eu qu'un seul but ! Vous faire rire mais surtout la faire rire toute ma vie pour la rendre heureuse car son bonheur est mon bonheur ! Elle mérite mon amour et ma reconnaissance éternelle car elle m'a donné la vie, sa force et sa confiance, et je n'aurai jamais assez de temps pour lui dire combien je lui suis reconnaissant de ce qu'elle a fait et de ce qu'elle fait encore pour moi mais surtout je n'aurai pas assez de temps pour lui dire combien je l'aime...

On ne peut pas savoir ce que procure la scène tant que l'on n'y a pas goûté ! Il y a quelque chose de magique qui se produit, c'est à ce moment que vous savez si oui ou non vous êtes fait pour ce métier ! Soit-vous supportez cette sensation déstabilisante mais tellement agréable, soit elle vous fait peur et vous ne devez pas continuer. Je me souviens d'un jour où je devais jouer un one man show, et arrivé 1h avant la représentation, j'ai été frappé par de violents maux de ventre, des nausées, des frissons, tous les symptômes de la gastro ; je me faisais un sang d'encre à l'idée de ne pas pouvoir jouer et donc de décevoir mon public. Me voyant dans cet état les organisateurs songeaient à avertir le public de mon incapacité à assurer le show le soir-même, chose que je refusais, car le public était venu pour moi, alors je serais là pour lui ! Un des organisateurs se lança sur scène pour m'introduire ; j'étais terrifié à l'idée d'être submergé par mon mal et de devoir arrêter le spectacle au beau milieu de la représentation. C'est alors que, ma musique d'entrée démarra et je rentrais sur scène comme si de rien n'était ; c'est à cet instant que la magie a opéré, mes douleurs ont disparu comme par magie, mes nausées avec, et le froid se transforma en chaud ! J'ai donc pu jouer sans encombre et sans jamais m'arrêter ne serait-ce que pour boire ! Le ONE MAN SHOW terminé les douleurs reprirent... Qu'est-ce qui explique que la scène soit la thérapie de tous les artistes ? Parce que mon histoire est, j'en suis sûr, commune a beaucoup d'artistes, la scène est l'anti-douleurs, l'antidépressif le plus puissant qui existe à mes yeux. En toute confidence, j'ai horreur de la drogue et des produits stupéfiants mais ma drogue à moi c'est la scène, le show, le public, une drogue qui n'est pas nocive pour la santé mais bénéfique pour le moral !

Entre vous et moi, lorsque vous êtes victime de harcèlement scolaire comme je l'expliquais précédemment, il faut beaucoup de temps avant de reprendre confiance en soi , avant de vous dire que vous êtes utile et que vous valez quelque chose. Lorsque vous êtes harcelé, vous êtes la bête de foire, le pestiféré dont personne ne voudrait dans sa vie, personne ne voudrait vous approcher ni vous toucher pas même avec un bâton, voici verbatim les paroles que je recevais au visage chaque jour.

Quand votre quotidien est rempli d'une telle violence, vous finissez par croire ce que l'on dit de vous ; vous vous persuadez que c'est vous le coupable, qu'ils ont raison de dire de telles horreurs, « après tout je ne vaux rien ! » C'est ce que je me disais bien avant de connaitre la scène. Je dis, avant de connaitre la scène parce, que là encore la magie est apparue lorsque j'ai commencé à me produire devant un public ; quand vient la fin du spectacle et que le public vous acclame et vous comble de compliments tous aussi bienveillants les uns que les autres, la confiance en vous réapparait et tout comme vous croyiez les gens qui vous dénigraient, vous croyez désormais ces personnes qui vous admirent et qui vous comblent d'éloges ; peu à peu vous transformez chaque flatterie en insulte envers ceux qui vous ont sali, trahi, répudié et humilié !

Une personne un jour m'a dit ; « Acteur ce n'est pas un métier, car vous ne travaillez pas la comédie vous la jouez ! Soit on joue soit on travaille, on ne mélange pas les deux ! » C'est formidable en effet de se dire que nous sommes l'un des seuls métiers où l'on peut dire que l'on joue *(sur scène)* je précise bien le lieu où nous jouons car nous ne jouons pas tout le temps ; un acteur avant de monter sur scène a travaillé son texte, il l'a mis en voix, il lui a façonné un jeu, des expressions pour qu'il paraisse vivant, drôle et rempli de vérité. Il y a une artiste que j'admire énormément ; il s'agit de Muriel Robin, c'est certainement l'actrice comique française la plus drôle qui existe après Louis de Funès ; lorsque l'on est capable de faire rire une salle complète avec un sketch qui met en scène une imprimante qui parle, on n'a plus rien à prouver à personne ! Tout le monde peut jouer ce sketch ! Mais serions-nous tous capable de faire rire un public avec ce sketch ? Je ne pense pas, car nous n'aurions pas les mêmes expressions, les mêmes intonations et logiquement d'ailleurs car il s'agit de son texte, qu'elle a travaillé durement pour en faire un sketch humoristique ! Prenez par exemple "Le noir" sketch de Muriel Robin écrit vers les années 90, tout le monde ne peut pas le jouer car il pourrait paraître raciste et dénigrant alors que lorsque Muriel Robin le joue c'est simplement comique ; personne ne se pose la question du racisme grâce à l'étude et au travail encore une fois qui a été élaboré sur ce dernier ! Alors aujourd'hui à tous ceux qui pense encore qu'acteur n'est pas un métier je veux leur dire qu'il s'agit là bien d'un métier d'utilité publique, un métier voué à rendre les gens heureux, à leur faire oublier le temps d'un spectacle leurs problèmes les plus profonds ! Je me souviens d'un jour où je jouais dans la ville de Chazelles-sur-Lyon près de chez moi en octobre 2019 ; à la fin du show je suis allé faire des photos avec mon public et signer quelques photos en guise de remerciements et une dame est arrivée vers moi et m'a dit cette phrase que je n'oublierai jamais ; lorsque je lui demande si le one man show lui avait plu, elle me répond à fleur de peau ; *« vous savez j'ai beaucoup hésité à venir, j'ai perdu mon mari et mon fils dans un accident de voiture il y a 1 mois et je n'avais pas la force de sortir de chez moi, mais comme j'avais pris la place il y a un moment je me suis dit vas-y ça te fera du bien ! Et je tiens à vous remercier car c'est la première fois depuis qu'ils m'ont quitté que je rigole et que je pense à autre chose, alors merci infiniment, vous irez loin c'est certain, on parlera de vous... »* Je ne sais pas si vous pouvez imaginer l'émotion de l'instant, je me suis retenu de pleurer devant elle, et j'étais fier de moi à un point que je ne pensais pas possible ! J'avais réussi à faire rire une femme au bord du gouffre qui avait tout perdu, rien n'aurait pu la faire rire et j'y suis parvenu, plus encore j'ai réussi à lui faire penser à autre chose qu'au malheur qui la frappait. A l'instant où cette femme m'a dit ; « ...vous irez loin c'est certain, on parlera de vous... » c'est comme si elle venait de sceller mon chemin de vie, que rien ne pourrait plus me faire changer d'avis, que la scène serait ma maison, mon refuge, ma vie et que ma vocation serait pour toujours de rendre les gens heureux ! Si certains hésitent encore à appeler cela un métier ça m'est égal, je sais à ce à quoi nous servons nous les artistes et ça me suffit amplement !

Vive le rire !

    Vive la joie !

        Vive la culture

Chapitre 6
Amoureusement dépossédé...

Par où commencer pour aborder l'un des sujets les moins évidents pour moi à aborder. J'ai toujours eu un rapport particulier avec le mot ''AMOUR'' tant dans une relation amoureuse, que dans l'estime que j'ai de moi ! Ce mot plus souvent sorti de ma bouche pour autrui qu'entré dans mon oreille de la part de quelqu'un d'autre que ma mère me fait un peu peur, Pourquoi ? Je crois qu'au fond je ne pourrai pas répondre à cette question tellement ce mot pour moi m'est étranger, il parait bien souvent singulier et courant, mais pour moi il est loin de l'être ; j'ai aimé tant de personnes qui m'ont soit quitté, soit pas rendu cette affection que je leur portais, bien que je ne fasse pas les choses dans l'attente d'un retour, j'attends que quelqu'un partage ma vie, que quelqu'un s'intéresse plus à qui je suis, qu'à ce que je fais... est-ce la raison pour laquelle je suis en quête perpétuelle de reconnaissance ? Certainement... devrais-je changer pour trouver l'élue de mon cœur ? Sûrement pas ! Bien qu'il y ait bon nombre de choses que j'aimerais changer de moi, je suis convaincu que personne ne doit changer pour être aimé ou apprécié, car notre désir commun est que quelqu'un nous aime et nous désire nous ! Pas une personne au travers de nous, pas une copie angélique ou diabolique de nous mais simplement nous ! Je ne donne pas de leçons, la vie se charge bien toute seule des coups de pieds et des coups de gueules, mais en connaissance de cause je me dois de vous dire que même si vous décidiez de changer, vous serez toujours rattrapés par votre nature initiale ! Dans un film ou sur la scène on peut jouer ! Mais pas dans la vie, et encore moins avec l'amour. Ce sentiment a le pouvoir de faire de votre vie un conte de fée, cependant lorsque le pouvoir est mal maitrisé il peut tout dévaster et briser un cœur ! Je me surprends parfois à personnifier ce sentiment comme un ennemi, car combien de fois lui ai-je donné ma confiance, combien de fois lui ai-je laissé une importance cruciale dans ma vie sans avoir aucun retour positif autre que celui que me porte ma mère, pire encore ! combien de personnes ai-je aimé et qui sont parties rejoindre les étoiles me laissant seul avec ma peine infinie de perdre des êtres chers à mon cœur , les personnes qui ont fait de moi ce que je suis aujourd'hui ! L'amour est à mes yeux un terme subjectif ; de nos jours on aime quelqu'un puis on se marie et ensuite on divorce 10 ans après s'être marié... 40, 50, 60 ans de mariage n'existent plus aujourd'hui ; comment pouvons-nous expliquer que nos grands-parents aient une telle longévité maritale et qu'à présent nous n'y parvenons plus ! L'amour ne peut pas disparaitre sitôt apparu, autrement cela voudrait dire qu'il ne s'agissait là pas d'amour, mais d'affection ; on peut affectionner quelqu'un sans pour autant en être amoureux, mais je pense qu'aujourd'hui les gens confondent énormément ces deux sentiments pourtant très différents... heureusement que je ne tombe pas amoureux de chaque personne que j'affectionne parce que je n'aurais pas la place pour loger tout le monde... *(rire)*

Du peu d'amis qu'il me reste, beaucoup ont qualifié ma vie de "royale" ou "géniale" ;

de par mes relations ''amoureuses'', je mets volontairement ce terme entre guillemets persuadé que vous allez me rejoindre sur le point que je développe ; en effet j'ai eu des relations, non pas amoureuses mais charnelles ; la nuance est d'une extrême importance ; ce n'est pas parce que l'on a une relation sexuelle que l'on est amoureux, et pour preuve que je n'ai jamais eu de relation sexuelle avec une fille par amour ! Ceci peut paraitre choquant à lire ou même à entendre, je vois d'ici ma grand-mère lire ces quelques lignes outrée, peut-être même choquée par ces propos mais c'est hélas la triste réalité ; le jour où cela se produira il s'agira là d'une seconde première fois je pense, comme une redécouverte ou simplement d'une découverte du mot ''AMOUR''. Bien que parfois par désespoir je me dise « je ne suis pas fait pour l'amour » je hais cette phrase au plus haut point, car l'amour c'est le bonheur et qui pourrait prétendre ne pas avoir droit au bonheur ?! Lorsque je lis mes lignes je me rends compte que je parle d'amour comme si j'en connaissais les moindres secrets ; cependant je voudrais préciser que je ne veux nullement vous le faire ressentir, je n'aurais pas la prétention de dire que je connais l'amour comme je connaitrai une leçon d'anglais. Car bien au contraire j'ai tout à apprendre de ce sentiment si inconnu à mes yeux ; j'aime aimer et j'aimerai être aimé. *"L'amour a ses raisons que la raison ignore"* voilà une bien belle phrase aussi poétique et lyrique soit-elle, cette phrase a un sens ; cette phrase explique bien qu'il n'y a aucune logique à l'amour, que l'amour ne se contrôle pas comme on pourrait contrôler la température d'une maison, l'amour nous tombe dessus, d'où l'expression *"tomber amoureux !"* On ne choisit pas qui on aime ! On ne choisit ni la personne ni le sexe, l'amour est un sentiment intérieur que l'on éprouve pour une personne, pour une mentalité, pour une apparence... pas uniquement l'apparence ! C'est un tout, les filles dont je suis tombé amoureux ont bien souvent été très différentes ; bien sûr j'ai en tête un idéal féminin comme beaucoup ; j'idéalise la personne avec qui je voudrai faire ma vie, mais encore une fois ce n'est pas parce que j'aime particulièrement les blondes aux yeux bleus que je passerai forcément ma vie avec une blonde aux yeux bleus ! *"Tout vient à point à qui sait attendre"* je me rattache à cette très belle expression pour ne pas perdre espoir, cet espoir de trouver un jour quelqu'un qui m'aimera pas uniquement pour mon physique ou mon humour ou mes yeux mais une personne qui aimera mon physique, mes yeux, mon humour et ma culture. Il se peut que ce soit une personne brune aux yeux vert pomme ; eh bien s'il s'agit de la bonne personne ; je le saurai au fond de moi et je n'hésiterai pas à saisir ma chance. Lorsque je suis amoureux je suis extrêmement vulnérable, je ne fais pas seulement confiance, je donne ma confiance, je ne me soucie de rien d'autre que le bonheur de celle qui m'accompagne ; il en est de même pour l'amitié, c'est ce qui m'a valu des déceptions, des trahisons et des abus. Au fond lorsque je vois autour de moi des personnes qui changent de partenaire autant que l'on peut changer de vêtement, je me dis que je préfère attendre pour ne pas changer, est-ce parce que j'ai peur de troquer l'amour contre ma solitude... ? Sûrement, comme avec mes amis, lorsqu'il y a une rupture je mets du temps à m'en remettre, peut être penserez-vous que je suis "fleur bleue" ou même "cœur d'artichaut", eh bien je l'assume ; s'il s'agit de la formule que je dois adopter pour me décrire alors je l'adopte sans pudeur et sans honte, après tout à quoi bon renier ce que l'on est... bien que je n'ai aucune peur à m'engager dans des projets de vie quoi qu'il arrive que celui-ci soit une réussite ou un échec je n'hésite pas, j'essaie, eh bien en amour c'est une autre histoire... j'ai peur de révéler mes sentiments, j'ai peur d'être déçu de la réponse bien souvent négative ou contraire à mes sentiments ; je pense que cette appréhension présente depuis longtemps s'est renforcée ; lorsqu'un jour j'ai révélé à une très jolie fille avec qui j'entretenais des relations charnelles, mon envie de vivre avec elle autre chose que des relations de ce type, je lui exprimais ma volonté de créer une relation amoureuse sérieuse et alors la réponse fut très violente pour moi lorsqu'elle me dit sans trop réfléchir « sexuellement tu m'attires mais physiquement absolument pas ! » La violence de ces propos m'a fait me remettre totalement en question ; c'est alors que je me suis dégoûté des relations sans lendemain, à l'instant où elle a prononcé cette phrase je me suis dit : « qu'ai-je été pour elle ? Simplement un corps fait pour la complaire dans son instinct humain et bestial ? » Je ne veux plus de cela, je ne veux plus encore une fois que l'on aime tout autre chose que ce que je suis. Depuis cette violente révélation, j'ai souvent tendance à me rabaisser, à m'autocritiquer ! Il est évident que pour faire la profession que je veux exercer il faut savoir rire de soi, il faut savoir faire usage de l'autodérision, mais j'ai pris conscience que ce n'était plus de simples remarques que je faisais à mon égard mais des phrases d'autodestruction ; j'ai pris conscience de cela grâce à mon amie Catherine, que j'ai rencontré récemment, dans l'auto-école **(ABV CONDUITE)** qu'elle dirige, à Veauche tout près de chez moi. Un soir alors que nous discutions j'ai dit quelque chose sur moi, je ne sais plus quoi et à cet instant mon amie en question m'a dit ; « arrête de te rabaisser comme ça sans arrêt, c'est vraiment un truc qui me choque ; dès qu'on dit quelque chose sur quelqu'un tu rapportes ce défaut à toi ! » c'est alors que j'ai pris conscience qu'en effet je ne suis pas tendre avec moi-même à bien des moments ; en prenant conscience de cela je me suis également rendu compte que je ne pouvais pas attirer quelqu'un si je ne m'attirais pas moi-même; « aime toi et les autres t'aimeront » quelle merveilleuse phrase, tellement réelle. Lorsque je médite cette phrase je me dis « serais-je capable d'aimer une personne qui ne s'aime pas ? » Bien sûr on peut essayer de l'aider mais on ne peut pas essayer constamment d'aider une personne à changer ; la seule chose qui pourrait se produire serait de tomber dans ce que l'on appelle la sinistrose ! Autrement dit à terme on devient néfaste pour les aidants... ! On ne change pas du jour au lendemain, cependant j'essaie de faire attention du mieux que je le peux à parler de mes points forts, sans pour autant tomber dans un excès de confiance, me menant au narcissisme ; je ne veux pas passer de rien à tout, je veux simplement ajuster et équilibrer les deux parties, fermement décidé à évoluer, non pas changer mais évoluer dans le but de plaire !

On parle bien souvent d'amour, des sensations que ce sentiment procure, du bonheur qu'il nous apporte etc... Mais on ne parle pas du mot ''PLAIRE'' un mot aussi agréable à dire qu'à vivre. Qui peut prétendre ne pas aimer plaire ?! Je crois que c'est l'un des plus beaux sentiments qui existe sur terre, c'est agréable de se sentir convoité, de se sentir admiré, de se dire que l'on plait à quelqu'un ! En amour je n'ai pas eu beaucoup l'occasion de plaire ; cependant sur les planches lorsque je joue sur scène, j'aime plus que tout ce sentiment de plaire aux gens ; le spectacle plait au public bien sûr, sinon il ne reviendrait pas, mais l'acteur plaît aussi car lorsque le public se rend au théâtre il ne sait pas ce qu'il vient voir, mais il sait qui il va voir ; il vient d'abord et avant tout pour le ou les acteur(s) ! Plaire c'est également gagner de la confiance en soi ; c'est un sentiment qui permet de se dire que nous avons une utilité ; lorsque j'ai joué un one man show dans une salle qui pouvait accueillir 150 personnes en 2019, j'avais terriblement peur de me voir jouer devant seulement 40 ou 50 personnes et lorsque le théâtre m'a téléphoné pour me dire nous sommes complets, je me suis dit ; « 150 personnes qui viennent me voir sur scène, il y aura 150 personnes dans la salle qui se seront préparées et qui ce seront déplacées pour me voir moi et uniquement moi, je n'aurais pas droit à l'erreur ! » En effet un artiste n'a pas beaucoup de marge d'erreur, deux options s'offrent à lui :

1) Il plait alors le public revient et il peut faire carrière.

2) Il ne plaît pas alors le public ne revient pas et l'artiste peut dire au revoir à sa carrière avant même qu'elle ait commencée.

C'est en quelque sorte une histoire d'amour, évidemment ; je n'ai pour le moment aucune notoriété, mais tous les artistes sont passés par ici ; on commence avec peu et le défi est de garder son public et de le faire grandir ; un artiste n'est rien sans public ! Je reviens sur mes propos, je vis une histoire d'amour depuis mon premier spectacle avec mon public, le seul à ne jamais m'avoir lâché, et à ne jamais m'avoir trahi ou déçu. À vous cher public je voudrais vous dire un grand MERCI !

Lorsque je repense à ce que j'écrivais plus haut sur l'autodestruction par le fait de se rabaisser sans cesse, quand je regarde autour de moi je me rends compte que beaucoup de jeunes de mon âge sont dans le même cas de figure que moi, j'ai une amie qui régulièrement me dit qu'elle se trouve moche, grosse, ou encore bien d'autres mots bien plus tristes sortis de la bouche d'une fille que sortis de la bouche d'un garçon, je pense que c'est l'âge qui veut cela ; à 17 ans nous ne sommes plus enfants et nous ne sommes pas tout à fait adultes ; on se cherche beaucoup sur de nombreux points et non satisfait de ce que l'on a et de ce que l'on nous donne on se trouve inférieur à ce que l'on est. Je ne peux pas donner de conseil car je suis passé par ici ; cependant je peux vous dire que ce n'est pas bon de se dénigrer, ou de croire en ce que les personnes malveillantes nous disent ; j'ai beaucoup de gens autour de moi qui, lorsque je leur demande s'il pensent qu'ils ont de la chance d'avoir telle ou telle chose ou s'ils méritent de l'avoir, nombreux sont ceux qui me répondent ; « j'ai de la chance », eh bien désormais essayez de vous placer dans l'autre cas en vous disant que ce que vous avez, vous le méritez tout simplement ; quand vous aurez compris la différence entre ce qu'est la chance et le mérite vous pourrez commencer à voir en vous des évolutions dans vos pensées. Lorsque vous gagnez 1 million d'euros au loto vous avez de la chance c'est certain ! Mais quand vous gagnez de l'argent au travail vous méritez cet argent ! Voici un exemple démontrant simplement les différences entre ces deux mots. Je terminerai en vous disant que dans le monde actuel il y a trop de haine et d'évènements apportant des ondes négatives ; alors essayons de changer cela, aimons-nous les uns les autres, mais commençons d'abord et avant tout à nous aimer nous-même. D'un point de vue scientifique nous n'avons qu'une vie, alors profitons-en ! Propageons autour de nous la joie, l'amour et la bonne humeur, nous avons tous des défauts c'est certain, mais intéressons-nous à nos qualités; posez-vous un instant et réfléchissez à vos qualités et ne pensez qu'à cela, pensez au bien que vous procurez autour de vous, dites-vous que vous méritez le bonheur et dites-vous que ceux qui vous entourent ont de la chance de vous avoir dans leur vie !

Vive l'amour...

Chapitre 7
Vis tes rêves et ne rêve pas ta vie ... !

Je vais vous faire une confidence ; avant d'écrire ce livre, j'avais des bouts de papiers libres crayonnés, raturés, disposés en puzzles renversés par la tempête sur mon bureau. Je n'avais pas même l'idée de faire ce livre, non pas parce que j'avais peur que personne ne s'intéresse à mon histoire, mais parce que ça ne me traversait pas l'esprit de me dire que mon histoire aussi commune puisse- t-elle paraître était une histoire qui pouvait être similaire à celle d'autres jeunes de mon âge. Peu à peu en rangeant ces morceaux de papiers et en les relisant, l'idée m'est apparue ! Pourquoi ne pas écrire un livre ? J'en parlais alors autour de moi, confronté à deux types de réactions ; la première, celle de l'encouragement venant des amis ou même venu de personnes qui me suivent sur les réseaux, sans même que je les connaisse, et puis la seconde réaction, celle qui pourrait vous faire renoncer à vos projets, lorsque les gens de votre famille ou même vos proches vous disent, « personne ne voudra te lire ! Tu n'es pas connu, personne ne va s'intéresser à Julien Robin ! » Je suis heureux de voir que vous lisez cette phrase pour donner tort à ceux qui ne croyaient pas en ce projet qualifié de fou et/ou insurmontable par certains. Alors que je m'apprête à conclure ce livre, je me rends compte que oui le projet d'écriture a été long, parfois compliqué lorsque l'inspiration n'était pas au rendez-vous ou encore lorsque j'évoquais des souvenirs douloureux de ma vie. Ce fût compliqué mais pas impossible. J'aime la difficulté ; elle me permet de me surpasser ; la difficulté est une sorte de test que je me lance et je fais tout pour obtenir un bon résultat ; mon résultat avec ce livre, l'avenir me le donnera ; j'ai hâte d'entendre ou de lire vos commentaires à propos de cet ouvrage. Dans ce livre j'ai voulu démontrer que rien n'est impossible ou infaisable ; personne n'a le droit de vous dicter votre vie ; on peut vous aiguiller mais pas vous obliger à suivre telle ou telle direction ou choix d'avenir, que ce soit personnel, professionnel ou toute autre sorte de choix auxquels vous serez confrontés ! Votre vie vous appartient ; vous devez la diriger comme bon vous semble ! Vous êtes la personne la mieux placée pour savoir ce qui est bon pour vous et ce qui ne l'est pas ! J'aimerais que lorsque vous aurez des doutes sur vos choix en fonction des remarques et des conseils que l'on vous donne vous pensiez à moi ; pensez à moi lorsque j'ai voulu arrêter les études et que l'on me disait ; « tu vas rater ta vie" ou encore "tu pars sans diplôme et sans culture tu finiras chômeur ... ! » J'ai appris en grandissant à faire abstraction des remarques négatives non constructives ; j'ai appris à me construire avec ceux qui me soutiennent et qui m'encouragent ! Si un certain **Shahnourh Varinag Aznavourian** avait écouté les remarques désobligeantes qui lui ont été faites à ses débuts, s'il avait arrêté de croire en son rêve de devenir artiste lorsque quelqu'un lui a dit « on ne devrait pas permettre de laisser monter les infirmes sur scène » nous n'aurions jamais connu le grand Charles Aznavour ! Et si **Jean-Philippe Smet** avait écouté les personnes qui le traitaient de fou comme lorsque Lucien Maurice patron d'Europe 1 avait en direct à la radio, cassé son disque en disant : « c'est la dernière fois que l'on entend Johnny Hallyday à la radio », nous ne l'aurions jamais connu ! Bien sûr je ne me compare pas à ces deux géants de la culture française, je n'oserais pas en avoir la prétention, mais je veux montrer à travers ces exemples que les personnes qui ne croyaient pas en ces deux immenses artistes, aujourd'hui on ne parle plus d'eux, alors que Charles Aznavour et Johnny Hallyday, non seulement on en parle aujourd'hui mais nous en parlerons encore longtemps.

D'aussi loin que je me souvienne je n'ai jamais renoncé. Ce mot n'est pas dans mon vocabulaire et encore moins dans mes pratiques ; lorsque je m'engage je vais au bout ! C'est sûrement pour ça que j'aime ce que je fais, parce que lorsque vous jouez un ONE MAN SHOW et que vous avez 150 personnes qui viennent vous voir vous et uniquement vous pour un show d'environ 1h30, arrivé devant le rideau il n'est pas possible de faire machine arrière ; vous devez vous lancer et aller au bout de l'engagement que vous avez pris auprès de votre public, sinon il ne reviendra pas et votre carrière se terminera avant même d'avoir pu la commencer !

Je suis toujours très touché lorsque j'entends autour de moi des parents dire « moi mon fils m'annoncerait qu'il arrête les cours, je lui en passerais l'envie » je suis touché car je me dis en quelque sorte, pauvre enfant… ils ne seront pas libres de diriger leur vie ainsi qu'ils l'entendront. Et en même temps je me dis quelle chance ai-je d'avoir mes parents ! C'est une chance énorme pour moi d'avoir des parents qui ont fini par accepter mon souhait de déscolarisation… depuis que j'ai arrêté les cours, je me sens bien, je me sens à ma place ; lorsque je ne travaille pas, je suis en train d'écrire des sketchs pour des nouveaux ONE MAN SHOW, ou alors je répète le prochain pour être prêt le moment venu de jouer. Depuis Février 2020, date à laquelle j'ai quitté mon lycée, je vis artiste, je mange artiste, je pense artiste et je rêve artiste ! Bien souvent lorsque l'on écoute une chanson trop souvent on peut s'en lasser, c'est ce qui aurait pu se produire avec mes ambitions à force de les idéaliser ; j'aurais pu m'en éloigner, eh bien moi c'est le contraire ! Chaque jour ma volonté est de plus en plus forte, mes ambitions sont de plus en plus concrètes. Je me suis lancé dans un projet de vie singulier qui n'est pas des plus faciles je vous le concède. Cependant depuis que je vis de ma passion 7j/7 et 24h/24, je suis plus heureux que je ne l'ai jamais été ; j'ai pris des risques en mettant un terme définitif à mes études j'en suis conscient, mais il s'agissait de risques contrôlés et mesurés. Est-ce que je regrette aujourd'hui d'avoir eu le courage de croire en mes rêves et de me lancer dans ces projets ? Sûrement pas ! Pour rien au monde je ne regretterai et/ou reviendrai sur ma décision ; à vrai dire je ne me laisse pas le temps d'y penser, car si le doute venait s'installer je devrais dire adieu à ce beau projet et entre vous et moi... je n'en ai aucune envie ! Il faut croire en soi, croire en sa potentielle réussite, n'écouter que son instinct, et ne pas écouter ceux qui tentent de vous décourager ; dites-vous qu'ils sont jaloux, c'est une méthode qui aide beaucoup ! Ne vous dites pas « et si je n'y arrivais pas... » car c'est le risque, mais si vous vous droguez de cette interrogation tous les jours je vous donne ma parole d'honneur que vous ne parviendrez jamais à accomplir vos projets. Si avant de partir de mon lycée je m'étais posé la question, je suis sûr que je ne serais jamais parti et que je serais actuellement derrière un bureau d'écolier, certainement en train de me dire « j'aurais dû le faire » mais la question ne s'étant pas présentée à moi, je suis aujourd'hui déscolarisé, libre et fier de ce que j'ai réussi à faire. Aujourd'hui j'écris ce livre dans le but de vous démontrer que les choix sont multiples et que c'est à vous de faire les vôtres, de les assumer et de les accomplir sans réfléchir au négatif ! La meilleure méthode pour faire taire les critiques est de réussir plus encore que ce que vous ne l'espériez au commencement ; même si vous avez des doutes, ne les montrez pas, ayez toujours l'air convaincu, sûr de vous, de vos projets et de vos ambitions !

Le jour où j'ai décidé d'écrire ce livre, je ne voulais pas être de ceux qui rédigent pour rédiger des phrases, je ne voulais pas que mon livre soit un récit amphigourique ou tout est abstrait et par extension inintelligible ; je voulais faire passer un message clair à ceux qui allaient le lire ; je n'avais nullement envie de faire un livre uniquement sur la vie de Julien Robin ; je voulais que mon histoire au travers de ma vie puisse être le point déclencheur d'une remise en question pour certaines personnes ; je voulais que ce livre soit une thérapie pour les personnes qui ont vécu ou qui vivent des épreuves similaires aux miennes. Beaucoup n'ont pas cru en ce projet, est-ce de la jalousie ? De la méchanceté gratuite ? Ou simplement des convictions qu'ils portaient réellement ? Je ne peux pas y répondre ; cependant je tiens à vous remercier, car en lisant ce livre vous permettez de donner tort à ces personnes-là. Je n'ai pas hésité une seule seconde à l'écrire, puis à le publier et vous me donnez raison de l'avoir fait ! Je ne dis pas que je n'avais pas d'appréhension face à vos critiques, face à vos avis, car mon seul but est de faire de ce livre quelque chose de constructif et d'intéressant pour vous ; ça me plait pourvu que ça vous plaise ! Mais je le répète encore une fois je n'ai pas hésité ! Tout comme je n'ai jamais hésité lorsque je devais me lancer dans des projets. Lorsqu'à 14 ans j'avais été sélectionné à Paris pour jouer un extrait de mon ONE MAN SHOW, je n'ai pas eu la moindre peur ni la moindre hésitation, j'ai dit à mes parents : « Je pars à Paris lundi, je suis retenu pour jouer un extrait de mon spectacle » mes parents furent abasourdis par cette annonce, car je ne leur avais pas dit que je m'étais inscrit à un concours, question d'honneur et de fierté, je ne parle d'un projet que lorsque je suis sûr de le réaliser ! Mes parents étaient réticents à l'idée de me voir partir seul à Paris à 14 ans, mais ils ne m'ont pas empêché de partir et je tiens à les remercier pour cela. Arrivé à Paris j'ai joué mon extrait, il a plu au public et au jury et lorsque j'ai eu ma première standing-ovation parisienne, vous ne pouvez pas vous imaginer le bonheur que cela m'a procuré ; je venais de réaliser un rêve, celui de jouer à Paris et j'étais convaincu que ce n'était pas la dernière fois que j'y aurais droit ! Notamment lorsque les jurys m'ont proposé trois contrats pour tourner dans deux séries et un film, les projets ne s'étaient pas réalisés car mes parents avaient refusé ces trois contrats. Je leur en ai beaucoup voulu de m'avoir peut-être fait rater le commencement de ma carrière mais en réfléchissant, je me dis si ça ne s'est pas fait c'est que ce n'était pas le moment, et puis je ne peux pas leur en vouloir car ils m'avaient déjà accordé mon voyage artistique à Paris et je pense que cela a dû être un choc pour eux lorsque je leur ai annoncé ces trois propositions, eux qui ne connaissent pas le monde artistique ; ils ont dû avoir peur que tout aille trop vite, et surtout à cette époque mes parents ne pensaient pas que j'allais arrêter les études ; ils me voyaient comme beaucoup de parents voient leurs enfants, c'est-à-dire en train de faire des études pour s'assurer un avenir. Bien sûr ces trois projets m'auraient peut-être permis de débuter une grande carrière artistique mais ils auraient peut-être pu me la faire rater ; si je n'étais pas assez préparé à cette vie-là, je n'aurais peut-être pas été un très bon acteur à ce moment-là, mais encore une fois si cela ne s'est pas fait, c'est simplement que ça ne devait pas se faire ! Je suis quelqu'un de profondément cartésien, et je suis convaincu que tout est écrit dans le marbre, que notre vie a un chemin à suivre, parfois une déviation se présente à nous et on peut l'emprunter ou continuer tout droit ; c'est pourquoi je me dis et je vous dis, qu'il ne faut pas griller les étapes, ne vous entêtez pas lorsque toute votre énergie est employée à essayer d'accomplir quelque chose. Aujourd'hui vous n'y parvenez pas, revenez demain et essayez de nouveau ; peut-être y arriverez-vous cette fois ci, chaque chose en son temps. Si vous ne parvenez pas à obtenir le résultat que vous espériez ce n'est pas grave ; vous n'avez rien perdu vous n'avez juste pas gagné ! Il y a une différence énorme entre perdre et ne pas gagner, vous ne pouvez pas perdre quelque chose que vous n'aviez pas auparavant, on ne perd que ce que l'on possède déjà !

Vous savez autour de moi j'ai beaucoup de personnes d'une quarantaine d'années, qui parfois me parlent avec regret, le regret de n'avoir pas eu la même envie et la même force de caractère que moi. Ces personnes en m'expliquant qu'elles auraient aimé faire tel ou tel métier sans le savoir me donnent du courage et une force de vivre décuplée à chacune de nos conversations, parce qu'il est pour moi inconcevable de pouvoir un jour dire ces mêmes phrases ; je veux une fois arrivé à leur âge me dire, « J'ai voulu et j'ai eu ! » Ou alors me dire « J'ai essayé et ; j'y suis arrivé / ou non, mais au moins j'ai essayé ! » Ce serait pour moi mon plus grand échec de ne pas pouvoir me dire ces phrases-là ; c'est pour cela que je me bats chaque jour pour faire de mes rêves des réalités ! Chaque jour je m'efforce de faire de ma devise "vis tes rêves et ne rêve pas ta vie", une réalité plus impressionnante que je ne l'aurais imaginé.

Depuis le début de ce récit je parle d'ambition sans trop expliquer mon point de vue sur ce que c'est, parce que l'ambition peut être définie très différemment en fonction des personnes qui en font usage, en fonction des ambitieux comme on les appelle. L'ambition pour moi, c'est le fait de vouloir réussir dans un domaine où personne ne vous suivait, c'est le fait de croire en ses rêves, de ne jamais être à court de projets ; sitôt un projet fini un autre doit démarrer ! L'ambition n'est pas une volonté de puissance, mais de réalisation de soi, C'est ainsi que je définis l'ambition, c'est ainsi que je vis.

Rien ne doit vous paraître impossible, pensez à cette phrase que je citais antérieurement ; « Il faut se créer des rêves impossibles pour les rendre possibles ! » Je ne trouve pas seulement cette phrase magnifique je la trouve intelligente, sensée ; si on lit entre les lignes cela veut exactement dire ce que je disais plus haut, rien n'est impossible jusqu'à ce qu'on le fasse ! Vous voulez être pianiste, accordéoniste, jockey, pompier, acteur, policier, professeur, qu'est-ce qui vous empêche réellement de le faire ? Ici je ne m'adresse pas seulement aux jeunes, je m'adresse à tous mes lecteurs, qu'est-ce qui vous empêche vraiment de vivre votre vie ? Vous vous dites j'ai 40 ans c'est trop tard ? Rien n'est jamais trop tard vous pouvez encore le faire ! En avez-vous la motivation ? Je ne peux pas répondre à votre place à cette question, c'est à vous de vous poser les bonnes questions et de vous donner les bonnes réponses. Ne vous inférioriez pas en vous disant que vous n'avez pas les compétences ou l'intelligence de le faire ! Un jour une de mes profs d'espagnol au collège m'a dit une phrase qui m'a marqué, elle m'a dit : « On a l'intelligence que l'on veut bien se donner ! » Aussi belle que cette phrase puisse être, elle est surtout réelle ! Méditez cette phrase et je vous assure qu'elle vous donnera le courage de trouver les réponses à vos questions !

La vie est faite de challenges ! Il ne faut pas avoir peur de relever les défis qui s'offrent à vous ; vous pouvez aussi bien échouer que réussir mais au moins vous aurez essayé et vous n'aurez pas de regrets ! A votre avis qu'est-ce que vous aimeriez le plus vous dire à la fin de votre vie ? « J'aurais dû essayer j'ai été bête » ou bien «j'ai fait tout ce dont je rêvais de faire ! Quitte à prendre des risques j'ai essayé et même si j'ai parfois échoué ma victoire est de n'avoir aucun regret ! » Vous seul pouvez dire quelle phrase vous préfèreriez dire avant de partir ; je pense ne pas avoir besoin de vous dire mon choix, vous l'aurez compris de vous-même.

C'est avec une émotion particulière que je m'apprête à conclure ce récit ; j'ai écrit ce livre pour moi comme une thérapie mais surtout et avant tout pour vous ! J'ai pris un plaisir fou à rédiger chaque jour pendant 5 mois ce livre, à le remplir d'anecdotes, de souvenirs, de vécu mais surtout de vérité et d'émotion. Mon souhait à présent est que vous ayez pris autant de plaisir à lire ce livre que j'en ai pris à l'écrire. Pas un chapitre n'a été écrit de manière égoïste, pour parler de moi et uniquement de moi, mais tous ont été écrits pour parler d'un vécu, de mon vécu, d'un vécu certainement commun à beaucoup d'entre vous. J'espère vous avoir aidés à répondre à certaines de vos interrogations ; j'espère ne pas vous avoir déçus ; j'espère que ce livre répond à ce que vous attendiez de celui-ci en l'achetant ! Je vous remercie tous et toutes d'être à mes côtés, de me soutenir, de croire en moi. Sachez que je crois en vous ! Je n'ai pas la science infuse, je ne peux pas répondre à toutes les questions du monde, mais je peux répondre à vos questions qui ont été les miennes ! Aux questions de personnes bien souvent perdues dans bon nombre de domaine. J'espère avoir permis à des victimes de harcèlement de s'ouvrir et de se confier sur l'enfer qu'elles vivent au quotidien, j'espère vous avoir permis de mieux vous comprendre à travers moi, mais j'espère avant toute chose vous avoir permis de comprendre ce qu'est l'ambition ; osez être ce que vous voulez être, osez être vous et simplement vous, osez oser, dépassez vos limites, vivez votre vie ainsi que vous l'entendez alors j'aurais gagné une victoire personnelle supplémentaire ! Au travers de ce livre j'ai voulu prouver que la vie est belle si on décide de la rendre belle ; ne pensez pas au négatif, pensez au positif, à ceux qui sont là pour vous et avec vous. Aucune vie n'est plus dure qu'une autre, simplement chaque vie est singulière avec ses difficultés et ses facilités. Je terminerai avec cette citation :

« On récolte ce que l'on sème ! » Alors qu'attendons-nous ? Semons autour de nous le bonheur, la joie, l'amour, la tolérance : soyons unis, forts et ambitieux. Le secret de la réussite c'est d'être bien dans sa peau, sûr de soi mais surtout HEUREUX, je vous fais confiance ; ce secret reste...

Entre vous et moi...

Remerciements

Marie-Catherine, Maryline Pupier, Catherine Robin, Catherine Ignace, Manon, Anna-Lou Kosmala, Océane, Madame M, Stéphanie Tomic, Madame P, Madame I, Madame U, Sylvie, Clara Robin, Lycée des Horizons, ABV CONDUITE.

*A tous ceux et celles qui ne sont pas cit[és]
dans ce livre, sachez que vous aus[si]
êtes dans mon cœur*

Table

1. Avant-propos   **5**

2. Préface de Manon   **7**

3. Il y a un début à tout...   **13**

4. Seul et très entouré...   **27**

5. L'école de la vie...   **40**

6. J'ai aimé, j'aime, j'aimerais...   **59**

7. En scène !   **73**

8. Amoureusement dépossédé...   **86**

9. Vis tes rêves et ne rêve pas ta vie... !   **99**

Retrouvez toutes mes actualités sur ma page Instagram :

julienrobinofficiel

© 2020 Robin, Julien
Édition : BoD – Books on Demand, 12/14 rond-point des Champs-Élysées, 75008 Paris
Impression : BoD - Books on Demand, Norderstedt, Allemagne
ISBN : 9782322257386
Dépôt légal : Décembre 2020